A ESPERANÇA DA GLÓRIA

POR JON MEACHAM

*A Esperança da Glória: Reflexões sobre as
Últimas Palavras de Jesus na Cruz*

*The Soul of America: The Battle for Our
Better Angels*

*Destiny and Power: The American Odyssey of
George Herbert Walker Bush*

Thomas Jefferson: The Art of Power

*American Lion: Andrew Jackson in the White
House*

*American Gospel: God, the Founding Fathers,
and the Making of a Nation*

*Franklin and Winston: An Intimate Portrait of
an Epic Friendship*

*Voices in Our Blood: America's Best on the
Civil Rights Movement (editor)*

A ESPERANÇA DA GLÓRIA

REFLEXÕES SOBRE AS ÚLTIMAS
PALAVRAS DE JESUS NA CRUZ

Jon Meacham

Rio de Janeiro, 2021

A ESPERANÇA DA GLÓRIA

A Esperança da Glória
Copyright © 2021 da Starlin Alta Editora e Consultoria Eireli. ISBN: 978-65-552-0355-4

Translated from original The Hope of Glory. Copyright © 2020 by Merewether LLC. ISBN 9780593236666. This translation is published and sold by permission of Convergent Books, an imprint of Random House, a division of Penguin Random House LLC, the owner of all rights to publish and sell the same. PORTUGUESE language edition published by Starlin Alta Editora e Consultoria Eireli, Copyright © 2021 by Starlin Alta Editora e Consultoria Eireli.

Todos os direitos estão reservados e protegidos por Lei. Nenhuma parte deste livro, sem autorização prévia por escrito da editora, poderá ser reproduzida ou transmitida. A violação dos Direitos Autorais é crime estabelecido na Lei nº 9.610/98 e com punição de acordo com o artigo 184 do Código Penal.

A editora não se responsabiliza pelo conteúdo da obra, formulada exclusivamente pelo(s) autor(es).

Marcas Registradas: Todos os termos mencionados e reconhecidos como Marca Registrada e/ou Comercial são de responsabilidade de seus proprietários. A editora informa não estar associada a nenhum produto e/ou fornecedor apresentado no livro.

Impresso no Brasil — 1ª Edição, 2021 — Edição revisada conforme o Acordo Ortográfico da Língua Portuguesa de 2009.

Produção Editorial Editora Alta Books	**Produtor Editorial** Thiê Alves	**Coordenação de Eventos** Viviane Paiva eventos@altabooks.com.br	**Equipe de Marketing** Livia Carvalho Gabriela Carvalho marketing@altabooks.com.br
Gerência Editorial Anderson Vieira		**Assistente Comercial** Filipe Amorim vendas.corporativas@altabooks.com.br	**Editor de Aquisição** José Rugeri j.rugeri@altabooks.com.br
Gerência Comercial Daniele Fonseca			

Equipe Editorial Ian Verçosa Illysabelle Trajano Luana Goulart Maria de Lourdes Borges Raquel Porto Thales Silva	**Equipe de Design** Larissa Lima Marcelli Ferreira Paulo Gomes	**Equipe Comercial** Daiana Costa Daniel Leal Kaique Luiz Tairone Oliveira Thiago Brito	

Tradução Rafael Fontes	**Revisão Gramatical** Camila Paduan Kamila Wozniak	**Diagramação** Joyce Matos	**Capa** Larissa Lima
Copidesque Carolina Gaio			

Publique seu livro com a Alta Books. Para mais informações envie um e-mail para autoria@altabooks.com.br

Obra disponível para venda corporativa e/ou personalizada. Para mais informações, fale com projetos@altabooks.com.br

Erratas e arquivos de apoio: No site da editora relatamos, com a devida correção, qualquer erro encontrado em nossos livros, bem como disponibilizamos arquivos de apoio aplicáveis à obra em questão.

Acesse o site **www.altabooks.com.br** e procure pelo título do livro desejado para ter acesso às erratas, aos arquivos de apoio e/ou a outros conteúdos aplicáveis à obra.

Suporte Técnico: A obra é comercializada na forma em que está, sem direito a suporte técnico ou orientação pessoal/exclusiva ao leitor.

A editora não se responsabiliza pela manutenção, atualização e idioma dos sites referidos pelos autores nesta obra.

Ouvidoria: ouvidoria@altabooks.com.br

Dados Internacionais de Catalogação na Publicação (CIP) de acordo com ISBD

M479e   Meacham, Jon
       A Esperança da Glória: Reflexões sobre as Últimas Palavras de Jesus na Cruz / Jon Meacham ; traduzido por Rafael Fontes. - Rio de Janeiro : Alta Books, 2021.
       144 p. : il. ; 14cm x 21cm.

       Tradução de: The Hope of Glory
       Inclui bibliografia.
       ISBN: 978-65-552-0355-4

       1. Literatura cristã. I. Fontes, Rafael. II. Título.

2021-1059   CDD 242
                                        CDU 244

Elaborado por Vagner Rodolfo da Silva - CRB-8/9410

Rua Viúva Cláudio, 291 — Bairro Industrial do Jacaré
CEP: 20.970-031 — Rio de Janeiro (RJ)
Tels.: (21) 3278-8069 / 3278-8419
www.altabooks.com.br — altabooks@altabooks.com.br
www.facebook.com/altabooks — www.instagram.com/altabooks

ASSOCIADO

EM MEMÓRIA DE

John Sharp Strang (1918–2003)
e
Herbert Stephenson Wentz (1934–2015)

E, como de costume,
para Mary, Maggie e Sam

*Agora, pois, vemos apenas um reflexo
obscuro, como em espelho; mas, então,
veremos face a face.*

— Primeira Carta de Paulo aos Coríntios

*É muito melhor aceitar ensinamentos com
razão e sabedoria do que pela simples fé.*

— Origem de Alexandria

SOBRE O AUTOR

Jon Meacham é biógrafo vencedor do Prêmio Pulitzer. Autor dos best-sellers do *New York Times American Gospel: God, the Founding Fathers, and the Making of a Nation*; *Thomas Jefferson: The Art of Power*; *American Lion: Andrew Jackson in the White House*; *Franklin and Winston: An Intimate Portrait of an Epic Friendship*; *Destiny and Power: The American Odyssey of George Herbert Walker Bush*; e *The Soul of America: The Battle for Our Better Angels*, Meacham ocupa a cátedra Carolyn T. e Robert M. Rogers de Presidência Americana como professor visitante da Universidade Vanderbilt. Formado pela Universidade do Sul, é ex-membro da paróquia St. Thomas Church Fifth Avenue e da Trinity Church Wall Street e foi premiado pela Liga Antidifamação com o Hubert H. Humphrey First Amendment Freedoms. Escritor colaborador do *New York Times Book Review*, editor colaborador da revista *Time* e membro da Sociedade Americana de Historiadores, Meacham vive em Nashville com sua esposa e seus filhos.

AGRADECIMENTOS

Essas meditações foram pensadas, inicialmente, para serem lidas na St. Thomas Church Fifth Avenue, na Sexta-feira Santa de 2013, a convite do Reverendo Andrew C. Mead, DD, OBE. A paróquia de St. Thomas foi o amado refúgio da minha família por quinze anos na cidade de Nova York. Andrew é um amigo com o qual aprendi muito, e sou grato por seus ensinamentos e bondade. Minha esposa e eu também somos gratos ao Reverendo Robert H. Stafford, a Richard Somerset-Ward, e ao falecido Cônego John G. B. Andrew, por sua amizade inestimável na St. Thomas.

Também sou grato pelos convites para falar em diversos púlpitos ao longo dos anos, experiências que me permitiram trabalhar nos temas que abordo neste livro: Igreja St. John, Lafayette Square, Washington, D.C.; Trinity Church Wall Street; Capela All Saints, Sewanee, Tennessee; Igreja Episcopal St. Paul, Chattanooga; Igreja Episcopal St. Martin, Houston; Catedral Nacional de Washington; Seminário Teológico Nashotah House, Nashotah, Wisconsin; Igreja Episcopal St. Ann, Kennebunkport; e Igreja Episcopal St. George, Nashville, paróquia da minha família; e pelas oportunidades que tive de falar na Liga Antidifamação, em Nova York,

Washington, e em todos os outros lugares do país. Preciso agradecer a Luis Leon, James Cooper, Joel Cunningham, Tom Macfie, Hunter Huckabay, Russell Levenson, Randolph Hollerith, Peter Cheney, Leigh Spruill e ao presidente da Liga Antidifamação, Abraham Foxman, pela hospitalidade nessas ocasiões.

Para este projeto, vasculhei diversos textos antigos do *New York Times Book Review, Newsweek,* da *Time* e do *Washington Post.* Sou grato aos meus editores e aos colegas envolvidos em cada publicação pela generosidade, pelo apoio e pela disposição de dedicar seu precioso tempo e seus recursos para me auxiliar.

Há muito tempo tenho a sorte de receber a generosidade dos conselhos acadêmicos de Paula Fredriksen, professora emérita de Escrituras da Universidade de Boston; e de N. T. Wright, professor pesquisador do Novo Testamento e Cristianismo Primitivo do St. Mary's College, da Universidade de St. Andrews, na Escócia, e ex-bispo anglicano de Durham, Inglaterra. Eles foram gentis e, ao me aconselharem sobre estas meditações, atenciosos. Obviamente, nada do que eu tenha escrito necessariamente reflete a opinião deles, mas estou em dívida por seus trabalhos inestimáveis e sua presença reconfortante.

Como disse em outra ocasião, devo muito do meu interesse inicial por teologia e história ao falecido professor doutor Reverendo Herbert S. Wentz, da Universidade do Sul. A atenção de Herbert na clareza, na precisão e na integridade mental ao escrever sobre religião — e sobre todos os assuntos — é o ideal no qual me inspiro. Tenho certeza de que fracassei algumas vezes, e o farei novamente. Mas se consegui chegar até aqui, foi por causa de Herbert e da companhia de professores inestimáveis: Dale Richardson, John Reishman, Pamela Macfie, Robert Benson, Charles Perry e Samuel Williamson, e dos falecidos Eric Naylor, Douglas Paschall, Joseph Cushman, Charles Binnicker e Willie Cocke. Também estou em dívida com o Reverendíssimo John M. Allin, VI Bispo do Mississippi e XXIII Bispo Primaz da Igreja Episcopal, e John Strang, que me ensinou sobre a Bíblia na sétima série, na Escola McCallie. Conhecido carinhosamente como "Yo", Sr. Strang tinha uma pergunta bônus favorita: "Quem estava indo para Damasco, e para onde Saulo estava indo?" Dói-me dizer que nem todos de nós entendiam de primeira, mas Yo continuava a perguntar, personificando, como era sua vontade, a promessa do evangelho de rendição e restauração.

Meu obrigado a Jay Wellons e a Brock Kidd, amigos que leram os primeiros rascunhos deste livro. Merrill Fabry brilhantemente revisou o manuscrito. Na Random House, minha editora há duas décadas, sou grato a Gina Centrello, Kate Medina, Bill Takes, Porscha Burke, Tina Constable, Campbell Wharton, Keren Baltzer, Dennis Ambrose, Carole Lowenstein, Carol Poticny, Cynthia Lasky, Todd Berman, Lori Addicott, Rebecca Berlant, Jessica Bright, Daniel Cristensen, Andrea DeWerd, Benjamin Dreyer, Michael Harney, Cindy Murray, Joe Perez, Minhee Bae, Paolo Pepe, Sandra Sjursen e Stacey Witcraft.

SUMÁRIO

PRÓLOGO
3

A PRIMEIRA FRASE

"Pai, perdoa-lhes, pois não sabem o que estão fazendo!"
33

A SEGUNDA FRASE

"Com toda a certeza te garanto:
Hoje mesmo estarás comigo no Paraíso!"
47

A TERCEIRA FRASE

"Mulher, eis aí teu filho!" "Eis aí a tua mãe!"
55

A QUARTA FRASE

"Meu Deus, Meu Deus! Por que me abandonaste?"
63

A QUINTA FRASE

"Tenho sede!"
73

A SEXTA FRASE

"Está consumado!"
83

A SÉTIMA FRASE
"Pai! Em tuas mãos entrego o meu espírito."
93

EPÍLOGO
99

NOTAS
109

REFERÊNCIAS
117

ILUSTRAÇÕES
123

A ESPERANÇA DA GLÓRIA

PRÓLOGO

No Princípio

*Nós, porém, pregamos a Cristo crucificado,
o qual, de fato, é escândalo para os judeus
e loucura para os gentios [...]. Mas Deus
escolheu as coisas loucas do mundo para
envergonhar os sábios, e escolheu as coisas
fracas do mundo para envergonhar as fortes.*
— Primeira Carta de Paulo aos Coríntios

*Neste mundo vocês terão aflições; contudo,
tenham ânimo! Eu venci o mundo.*
— Jesus de Nazaré, Evangelho de João

FOI APENAS UM BREVE MOMENTO, uma pequena, aparentemente simples, provocação no meio da interpelação mais importante da história. No Evangelho de João, Jesus de Nazaré é preso e levado até Pôncio Pilatos, o governador Romano da Judeia. "Logo tu és rei?"[1] Pilatos questiona, e Jesus responde: "Tu dizes que eu sou rei. Eu para isso nasci, e para isso vim ao mundo, a fim de dar testemunho da verdade. Todo aquele que é da verdade ouve a minha voz." Então, no que imagino ter sido de um modo cínico, desdenhoso, Pilatos questiona: "Que é a verdade?"[2]

Qual é a verdade, de fato? Jesus não diz nada em resposta, e a pergunta de Pilatos fica em aberto — uma incógnita na interpretação da Paixão segundo João. A procura por uma resposta ecoa até hoje, a fome pela verdade — sobre o visível e o invisível, o visto e o não visto, o desejado e o temido — é um dos aperitivos mais fundamentais.

E a busca perene por uma resposta a Pilatos tende a assumir uma forma religiosa. "Todos os homens precisam da ajuda dos deuses"[3], escreveu Homero, e nada, desde a antiguidade — nem a Revolução Científica, nem o Iluminismo, nem Darwin, nem *o que quer que fosse* —, alterou o impulso dos seres humanos de contar histórias e criar sistemas de crença que se apoiam no passado, moldam o presente e prometem um futuro de justiça, misericórdia e paz. "Deuses", escreveu o teólogo protestante Paul Tillich em meados do século XX, "são seres que transcendem, em poder e significado, o domínio da experiência comum e com os quais os seres humanos mantêm relações que ultrapassam, em intensidade e alcance, as relações comuns."[4]

Para os Cristãos, a verdade principal da existência — nosso objetivo definitivo, parafraseando Tillich — é revelada na morte e ressurreição de Jesus. Sem a Sexta-feira Santa, não há Páscoa; sem a Páscoa, não há libertação do mal; sem libertação do mal, não há vitória da luz sobre as trevas, do amor sobre o ódio, da vida sobre a morte.

Ainda assim, essa vitória é a essência radical, revolucionária, da promessa do Cristianismo — uma promessa revelada a nós na Paixão de Cristo. O trabalho de compreender — ou, dependendo do seu ponto de vista, *atribuir* — o significado da Sexta-feira Santa e da história do túmulo vazio é um processo tão teológico quanto histórico, como foi a construção da fé que moldou, e molda, a vida de bilhões de fiéis.

Eu sou uma dessas pessoas, e este livro é uma série de reflexões[5] sobre as Últimas Frases de Jesus na cruz — palavras ditas em uma remota, porém, em termos simbólicos, próxima tarde de Sexta-feira. É um trabalho devocional, não acadêmico. Sou adepto do episcopalismo, criado e educado na fé, e eu ficaria de coração partido se meus filhos se afastassem da igreja na qual cresci. Entretanto, de nenhum modo sou evangélico, pois não compartilho da visão de que só a fé em Jesus é o único caminho para a salvação, nem estou determinado a converter outros a respeito do meu ponto de vista. "Não me causa dano que meu vizinho diga que existem vinte deuses ou deus nenhum"[6], disse Thomas Jefferson. "Também não rouba minha carteira nem quebra minha perna." Em um sermão, John Leland — pastor Batista de Virgínia e Massachusetts entre o século XVIII e o XIX — certa vez observou: "A experiência nos diz que homens igualmente sábios e bons podem divergir na política, assim como em opiniões teológicas e matemáticas."[7] Cerca de 1.400 anos antes, no século IV, o orador romano Symmachus, discutindo com Cristãos que queriam remover o altar da deidade pagã Vitória, disse: "Não podemos observar um mistério tão grande de um único ângulo."[8] Eu concordo.

Então, no que eu acredito? Sou adepto das linhas gerais da fé cristã presentes na tradição anglicana. Sigo as crenças, confesso meus (muitos) pecados, comungo e rezo. E acredito que, diante disso, assumo minha parte em um drama no qual o objetivo definitivo não consigo — e possivelmente nunca conseguirei — entender totalmente, mas no qual invisto minhas esperanças de que um dia, de algum modo, tudo fará sentido.

Adendo importante: embora este livro tenha começado como uma série de sermões — que são, por definição, conversas sobre assuntos religiosos —, ele aborda iluminação, não conversão. Compartilho estas meditações com a esperança de que um senso histórico e teológico ajude os leitores a compreenderem melhor a presença da cruz em um mundo tão voltado ao ceticismo hostil, à aceitação cega ou à indiferença. Na Bíblia hebraica, no meio de tanto sofrimento, Jó mostrou uma enorme fé: "Porque eu sei que o meu Redentor vive, e que por fim se levantará sobre a terra."[9] Se Jó pode *saber*, então nós podemos ao menos *ter esperança*.

No cerne das minhas esperanças está a crença de que o Deus de Abraão (que também acredito que é Deus, o Pai na Santíssima Trindade) é o arquiteto de uma criação que caiu em decadência e se corrompeu. A redenção dessa criação começou na Paixão, crucificação, e ressurreição de um pastor e realizador de milagres na Judeia do século I. Na tradição em que fui criado, esse pastor foi um grande mestre da moral: seu Sermão da Montanha e suas mensagens, enraizadas nas escrituras de Israel, sobre o papel central do amor podem ser vistos como guias para a bondade e a generosidade. Ele não perdurou, entretanto, por oferecer uma mensagem radical sobre amor nos recônditos de um mundo dominado pelos romanos. Ele perdurou não somente pelo que *disse*, mas por ser quem *era* — nas palavras de Pedro: "O Cristo, o Filho do Deus vivo."[10] O fundamento da fé no Cristianismo é que Jesus era de fato o "Cristo" — em Grego, o "ungido" —, que morreu e se levantou para redimir e recuperar um mundo corrompido que renascerá, e que João, o Evangelista, chamou de "novo céu e nova terra"[11]. *Esse* é o significado da confissão de Pedro — e o que o Cristianismo quer dizer quando proclama Jesus como Senhor e prenuncia o seu retorno, mesmo que não se tenha certeza de quando isso ocorrerá.

Independentemente de alguém acreditar ou não, ou, como muitos, estar em algum lugar no meio do caminho, oscilando de um polo a outro e retornando (de novo, e de novo), é necessário prestar atenção. "Jesus significa algo para nosso mundo porque uma poderosa força espiritual jorra Dele e flui também através de nosso tempo"[12], Albert Schweitzer escreveu em *A Busca do Jesus Histórico*. "Este fato não pode ser abafado nem confirmado por nenhuma descoberta histórica. Isto é o sólido fundamento do Cristianismo."

O novelista e biógrafo inglês A. N. Wilson abordou o assunto assim: "O fato estranho é que a figura de Jesus persiste, mesmo em um mundo onde o Cristianismo institucional parece estar mal das pernas, e onde a própria crença religiosa, pelo menos no Ocidente, parece declinar rapidamente. Jesus é uma figura historicamente sombria, mas ele permanece obstinadamente ali, e [...] permanecemos cientes dele, não como uma presença mística, nem também como uma mera lenda. Ele é mais real que o Robin Hood ou o Rei Arthur."[13]

A missão de Jesus, como definiu Paulo[14], foi vista como parte da história de Israel, a manifestação (talvez de modo inesperado) da promessa que Deus fez a Abraão em Gênesis. "Eis que farei de ti um grande povo: Eu te abençoarei, engrandecerei teu nome; serás tu uma benção", disse o Senhor a Abrão — depois renomeado como Abraão, ou "pai de muitas nações" — "Abençoarei os que te abençoarem, amaldiçoarei aquele que te amaldiçoar. Por teu intermédio abençoarei todos os povos sobre a face da terra."[15]

Daí surge a familiar frase "segundo as Escrituras", que demonstra a adesão dos autores do Novo Testamento à sua interpretação única do primeiro século a respeito das escrituras existentes sobre a saga do cativeiro de Israel e a esperança de restauração. "Porquanto, o que primeiramente vos transmiti foi o que também recebi", escreveu Paulo na Primeira Carta aos Coríntios, "que Cristo morreu pelos nossos pecados, segundo as Escrituras, foi sepultado e ressuscitou no terceiro dia [...] e apareceu a Pedro e depois aos Doze"[16]. O que tudo isso significa? "Porque Deus amou o mundo de tal maneira", escreveu João, "que deu o seu Filho Unigênito, para que todo aquele que nele crê não pereça, mas tenha a vida eterna."[17]

Na visão cristã de mundo, a cura em larga escala das criaturas de Deus, e de sua criação, é a obra redentora de um Cristo crucificado e ressuscitado. Para simplificar um assunto extremamente complexo, a ideia que surgiu nos primeiros séculos depois de Cristo foi a de que o mundo, nas garras do mal desde a expulsão do Éden, demandava um sacrifício incomensurável, única forma de resgatar a criação das trevas, do desejo e da cobiça. Essa corrente *teológica* é baseada em um fato *histórico*: Jesus foi crucificado e morreu. Então, no terceiro dia — no domingo de manhã —, algumas de suas discípulas encontraram sua tumba vazia, e seus seguidores logo passaram a acreditar que o Cristo ressuscitado caminhava entre eles.

O entendimento de tal cosmologia como verdade tem sido uma ferramenta na luta para atravessar um mundo trágico e desgastante de injustiça, dor e morte. "O escudo da fé"[18], proclama a Carta aos Efésios, "com o qual podereis apagar todas as setas inflamadas do Maligno."

Por que o Senhor Deus dos Exércitos precisaria fazer algo para redimir sua própria criação é um mistério para nós, assim como o motivo *pelo qual* Ele criaria um mundo, para início de conversa, e, ao tê-lo criado, *por que* o povoaria com seres humanos cujo livre-arbítrio os levaria ao pecado e ao sofrimento. Deus, disse o notável rabino Abraham Joshua Heschel em 1967: "Não facilitou que tivéssemos fé n'Ele, que nos mantivéssemos fiéis a Ele. *Esta é a nossa tragédia:* a insegurança da fé, o peso insuportável do nosso comprometimento. Os fatos que negam o divino são poderosos, afinal; os argumentos dos agnósticos são eloquentes, os eventos que O desafiam são espetaculares [...] Nossa fé é frágil, nunca imune ao erro, à distorção ou à decepção. Não existem provas definitivas da existência de Deus, Pai e Criador de tudo. Existem apenas testemunhas. Supremos entre eles estão os profetas de Israel."[19] E, para nossos propósitos, os autores do Novo Testamento.

Todos somos, de certo modo, como os filósofos gregos que foram até Paulo em Atenas, procurando clareza na mensagem do Cristianismo. "Podes revelar-nos que nova doutrina é essa sobre a qual dissertas?", questionaram-no no Areópago. "Pois estás nos apresentando pensamentos estranhos, e desejamos compreender o significado de tais ideias." O apóstolo, então, pregou o evangelho, dizendo que Deus, por meio de Jesus: "'Julgará o mundo com o rigor de sua justiça, por meio do homem que para isso estabeleceu. E, quanto a isso, Ele deu provas a todos, ao ressuscitá-lo dentre os mortos.' Entretanto, alguns deles, assim que ouviram falar da ressurreição dos mortos, começaram a dizer zombarias, e outros, ainda, exclamavam: 'Sobre esse assunto te daremos ouvidos em uma outra oportunidade.'"[20] Alguns ainda zombavam; outros, em vez disso, resolveram ouvi-lo.

Para mim, usar a reflexão para desdenhar da fé é tão autodestrutivo quanto usá-la para desdenhar do papel da mente no mundo como um todo e nas grandes religiões. O fato de não podermos saber de tudo não significa que não possamos saber de algo. Conforme Paulo, o fiel deve reconhecer que, por enquanto, "enxergamos apenas um reflexo obscuro". Conforme Shakespeare, o laico deve lembrar que, como Hamlet mencionou a Horácio: "Há mais coisas entre o céu e a terra [...] do que sonha a nossa vã filosofia."[21] A humildade é, em muitos sentidos, o princípio da sabedoria. "O último passo da razão é o reconhecimento de que há um número infinito de coisas além dela", escreveu o matemático Blaise Pascal no século XVII. "É simplesmente estúpido não reconhecer isso. Se as coisas naturais estão além, o que poderíamos dizer das sobrenaturais?"[22]

Para o crente consciente, então, não há nada mais certo do que a realidade da incerteza, nada mais natural do que a dúvida, que é talvez trinta segundos mais jovem que a própria fé. (E mesmo essa aproximação dá à fé uma vantagem considerável.) "Pois nosso conhecimen-

12 | PRÓLOGO

to é incompleto", escreveu Paulo, "e a nossa profecia é incompleta."[23] Vivemos mais no crepúsculo do que na claridade. Tanto os crentes fundamentalistas quanto os ateus fundamentalistas se dariam melhor, creio eu, se reconhecessem que a literalidade é reconfortante, mas é potencialmente perigosa, pois a aceitação acrítica de uma ou de outra visão de mundo (seja na religião, seja na política) encerra mais ideias do que as viabiliza. A luz não pode emanar de uma mente fechada, ou sequer entrar nela. E, apesar de todas as suas limitações, a razão — o peso das evidências, a avaliação das probabilidades, a capacidade de mudar uma opinião por meio do pensamento e da experiência — continua sendo essencial. Sem a razão, não conseguimos considerar a complexidade; sem considerarmos a complexidade, não podemos contemplar corretamente a majestade e o mistério de Deus; e, sem contemplarmos corretamente a grandiosidade e o mistério de Deus, excluímos a possibilidade do milagre e da redenção.

A história cristã, que começou entre alguns judeus e se estendeu pelo mundo mediterrâneo até Roma e além, é arquetípica. Existia um mundo de luz e de harmonia (no caso, o Éden). Esse mundo caiu nas mãos do mal e sofreu sob o domínio do que Paulo chamou mais tarde de "principados e autoridades"[24]. Jesus é o salvador e herói que sacrifica tudo pelo bem alheio, para restaurar o reino legítimo dos bons e dos justos. Em sua Paixão e ressurreição, Jesus derrota a própria morte — a vitória definitiva.

Mas isso é teologia, uma arena de debate e discordância sem fim. Vamos começar pelo que gera menos discussão. Por uma questão histórica, podemos estipular que Jesus de Nazaré viveu na Judeia, assumiu uma missão de muitos anos, pregando aos seus conterrâneos a chegada do Reino de Deus (ou "do Céu", que significa a mesma coisa), entrou em conflito com os sacerdotes do templo e com os governantes romanos, e foi crucificado durante a comemoração da *Pessach*, a Páscoa judaica, em Jerusalém, por volta do ano 33 d.C.

DE JESUS A CRISTO

Condenado por sedição[25], sentenciado à morte, pregado a uma cruz em uma colina chamada Gólgota [Calvário], ele suportou tudo o que pôde. Com um grito derradeiro e sufocado, Jesus morreu. No caos entre a prisão e a crucificação, seus seguidores se dispersaram. Eles esperavam vitória, não derrota, naquela primavera em Jerusalém. Se Jesus fosse, como eles acreditavam, o Messias judeu, então sua grande conquista seria a inauguração do Reino de Deus na Terra, a restauração do povo de Israel, a ressurreição dos mortos e o surgimento de uma nova época marcada pelo fim do mal e pelo reinado da justiça, marcas complementares da soberania de Deus.

O reinado prometido era um tema recorrente nos escritos judaicos. Segundo o profeta Isaías, um dia chegaria o momento do acerto de contas e da reconciliação:

*O deserto e a terra ressequida se rejubilarão; o ermo se
encherá de felicidade e florescerá como a tulipa;*

*Cubra-se de flores, sim, rejubile-se com grande alegria e
exulte...*

*Eles verão a glória de Yahweh, o Senhor, o esplendor do
nosso Deus.*

*Fortalecei, pois, as mãos abatidas, revigorai os joelhos
cambaleantes.*

*Dizei aos corações perturbados: "Sede fortes, não
temais. Eis que o vosso Deus vem para vingar-
vos, trazendo a recompensa divina. Ele vem para
salvar-vos."*

*Então se abrirão os olhos dos cegos e os ouvidos dos
surdos se desobstruirão;*

*Então o coxo saltará como o cervo e a língua do mudo
cantará louvores de gratidão e felicidade.*

*Porquanto a água jorrará do deserto, e muitos riachos
da estepe;*

*A terra seca se transformará em brejo, e a terra árida
em mananciais de água...*

*Ali haverá uma estrada, um caminho que será
conhecido por Caminho da Santidade;*

*Os impuros não passarão por ele; servirá tão somente
aos que são do Caminho; os ímpios e insensatos
escolherão não seguir por ele.*

*Ali não haverá leão algum e nenhum animal feroz
passará por ele; nenhum deles se verá por ali. Só os
redimidos andarão por ele.*

*E todos quantos Yahweh resgatou voltarão. Entrarão em
Tsión, Sião com hinos de júbilo; duradoura felicidade
coroará sua cabeça.*

*Gozo e alegria se apoderarão deles, e a tristeza e o
lamento cessarão completamente.*[26]

Isaías continuou a elaborar essa visão de uma ordem
restaurada:

*Como são maravilhosos, sobre as colinas, os pés do
mensageiro que anuncia as Boas-Novas, que
comunica a todos a Paz, que traz boas notícias, que
proclama a Salvação, que declara a Sião: "O teu
Deus reina!"*

*Eis a voz das tuas sentinelas — ei-las que levantam a
voz; juntas lançam gritos de alegria; porque com os
seus próprios olhos veem a Yahweh que retorna a
Sião.*

*Regozijai-vos, juntas lançai brados de júbilo, ó ruínas
de Jerusalém!*

*Yahweh descobriu o seu braço santo diante dos olhos
das nações, e as extremidades da terra viram a
salvação oferecida a todos por nosso Deus.*[27]

Ou considere o Salmo 98:

*Cantai ao Senhor um cântico novo, pois Ele tem
realizado maravilhas; sua mão direita e seu santo
braço forte lhe deram a vitória.*

*O Senhor manifestou a sua Salvação; aos olhos das
nações revelou sua justiça.*

*Recordou-se do seu amor e da sua fidelidade pela casa
de Israel. Todos os confins da terra contemplaram a
Salvação do nosso Deus.*

*Aclamai o Senhor, terra inteira! Louvem-no com
cânticos de júbilo e ao som de música!*

*Oferecei música ao Senhor por meio da harpa, com a
cítara e a voz do canto!*

*Com trombetas e ao som da trompa exultai na presença
do Senhor, que é o Rei!*

*Ruja o mar e tudo o que ele contém, o mundo e todos os
seus habitantes!*

*Com palmas se manifestam os rios, e o cantar dos
montes ressoa em uníssono, para aclamar o Eterno
que vem julgar toda a terra.*

*Sim, Ele julgará o Universo com justiça e os povos com
equidade!*[28]

Mas nada disso aconteceu na Sexta-feira Santa. Em
vez disso, embora seus seguidores esperassem a chegada do reino de Deus na Terra, Jesus não parecia ter can-

tado qualquer cântico novo — ou qualquer cântico que os outros entendessem. Longe de levar as forças da luz ao triunfo, ele sofreu uma morte ignóbil. Para as autoridades romanas na Judeia e para os aristocratas do Templo, preocupados em aplacar as autoridades imperiais, as implicações políticas do "reino" eram potencialmente devastadoras.

Em *Jesus of Nazareth, King of the Jews* [Jesus de Nazaré, Rei dos Judeus, em tradução livre], a pesquisadora Paula Fredriksen examina a narrativa da Paixão em termos históricos. Fazendo o melhor possível para abordar um evento tão remoto, ela procura levar-nos aos árduos momentos daquela *Pessach* em Jerusalém. Era Pôncio Pilatos, o governador romano, quem estava no controle — e não os sumos sacerdotes judeus, como o antissemitismo dá a entender —, e ele estava determinado a manter a ordem na cidade em meio aos ânimos e às multidões exaltadas naquela temporada de *Pessach*. O reino parecia se aproximar. Talvez Jesus tenha pregado que aquela seria a última *Pessach* antes do triunfo do governo de Deus: "Essa notícia provavelmente se espalhou a todo canto possível", escreveu Fredriksen, "ligando aldeias da Galileia através da Judeia e até Jerusalém. Peregrinos reunidos na cidade para a *Pessach*, ouvindo as notícias antes da chegada de Jesus, o cumprimentaram, consequentemente, quando ele apareceu, como o agente humano do reino vindouro de Deus — talvez, de fato, como seu rei."[29] Ele questionou as verdades do Templo; parecia prometer não uma *Pessach* convencional, mas cataclísmica.

A efusão resultante do entusiasmo religioso, junto à consequente agitação civil e à ameaça à ordem existente, era a última coisa de que Pilatos precisava. Ele não estava interessado em disputas teológicas entre os judeus; sua função era manter seu território sob controle. Como escreveu o historiador judeu Josephus: "Nessas ocasiões festivas, a sedição era mais propensa a acontecer."[30] Todos os elementos para a chegada do caos estavam presentes. "Jesus ensinava nos jardins do templo; a multidão agitada reunida", escreveu Fredriksen. "Na intensidade de sua expectativa — o reino estava prestes a chegar? Jesus seria revelado como o Messias? A restauração de Israel se aproximava? —, eles se tornam inquietos, potencialmente incendiários."[31] A elite do Templo temia o caos popular, e a agitação era um anátema para as autoridades religiosas arraigadas e para os governantes romanos.

Assim, Pilatos sentenciou Jesus à morte. A crucificação era o tipo mais simbólico de execução pública, tendo a cruz como um lembrete claro de que não se deveria desafiar o Império Romano. Sobre a Sexta-feira da *Pessach*, Fredriksen escreve: "A multidão de peregrinos teria saído da cidade em direção à colina, do lado de fora, para o Lugar da Caveira, o Calvário. Lá, eles teriam visto o homem morrendo na cruz. Para Pilatos, o problema se encerrava ali."[32]

Mas é claro que não seria assim. Os primeiros crentes esperavam por um desfecho que conectasse os fatos — o quanto antes. Por que mais os evangelhos teriam sido escritos décadas depois da Paixão? Seria porque os seguidores de Jesus não esperavam que os documentos fossem necessários para as gerações seguintes, pois eles eram a *última* geração? "Pois, dada a ordem, com a voz do arcanjo e o ressoar da trombeta de Deus, o próprio Senhor descerá dos céus [...] e os mortos em Cristo ressuscitarão primeiro", escreveu Paulo na Primeira Carta aos Tessalonicenses. "Logo em seguida, nós, os que estivermos vivos sobre a terra, seremos arrebatados como eles nas nuvens, para o encontro com o Senhor nos ares. E, assim, estaremos com Cristo para sempre."[33] Se Jesus retornaria para reinar em um novo tipo de realidade, não havia necessidade de biografias, pois ele estaria bem ali, tendo descido com um ressoar das trombetas. Conforme os anos se passaram, entretanto, e o reino não chegou, o cristianismo primitivo formulou os evangelhos para reunir as histórias e as tradições, prevendo uma espera muito maior — e para levar suas "boas-novas" a todo o mundo.

A cruz culminou no túmulo vazio; e o túmulo vazio, na perspectiva cristã de uma nova realidade. Após sua morte, Jesus foi envolto em um lençol de linho e colocado em um sepulcro escavado na rocha de uma encosta. Uma pedra selava o túmulo e, de acordo com Marcos, assim que o sol raiou dois dias depois, Maria Madalena e duas outras mulheres foram até lá para ungir o corpo com especiarias. Elas tinham uma preocupação, compreensível, de ordem prática: teriam força o bastante para mover a pedra? Conforme se aproximavam, elas perceberam que o túmulo já estava aberto. Intrigadas, elas entraram, e um jovem vestido com uma túnica branca — não era Jesus —, sentado no lado direito do sepulcro, disse: "Não vos amedronteis; vós buscais a Jesus, o Nazareno, que morreu na cruz. Pois Ele foi ressuscitado! Não está mais aqui. Vede o lugar onde o haviam depositado."[34] Absorvendo essas palavras, as mulheres, Marcos diz: "Saíram e fugiram do sepulcro; pois estavam assombradas e com medo."[35]

E assim começa a história do Cristianismo — envolta em confusão, não em clareza; em mistério, não em certezas. De acordo com o Evangelho de Lucas, os discípulos trataram o relato das mulheres sobre o túmulo vazio como "um delírio e não acreditaram nelas"[36]; o Evangelho de João diz que os seguidores de Jesus "contudo [...] ainda não haviam entendido que [...] era necessário que Jesus ressuscitasse dos mortos."[37]

Sem a crucificação e a crença em sua ressurreição, é quase inviável imaginar que o movimento de Jesus perduraria por tanto tempo. Um pequeno grupo de devotos poderia manter seu nome vivo por um tempo, insistindo inclusive em sua identidade de Messias, chamando-o de Cristo, mas o grupo teria sido apenas uma das muitas seitas do judaísmo do primeiro século, um universo perturbado e esmagado pela guerra com Roma, de 66 a 73 — um conflito que resultou na destruição de Jerusalém.

Então como, exatamente, o Jesus histórico, a quem muitos contemporâneos consideravam um profeta fracassado, passou a ser visto por bilhões como o Cristo da fé que o Credo Niceno diz ser "o Filho Unigênito de Deus [...] Deus de Deus, Luz da Luz, Deus verdadeiro de Deus verdadeiro [...] por Ele todas as coisas foram feitas?"[38]

Quando o sol se pôs, na Sexta-feira da Execução, Jesus parecia uma decepção; suas promessas sobre o Reino de Deus, pouco mais que uma retórica interessante, mas impotente. Não importa o que Jesus tenha dito sobre sacrifício e ressurreição durante sua vida, os discípulos claramente não esperavam que ele ressuscitasse. As mulheres ficaram atordoadas naquele domingo; informado de que o Senhor havia ressuscitado, Tomé recusou-se a acreditar até ver Jesus por si mesmo; e, no fim do Evangelho de Mateus, alguns discípulos ainda "duvidavam".[39]

Jesus pode ser perturbador e ter forçado os primeiros crentes a se tornarem mestres da improvisação teológica. Primeiro, o Reino não se materializou junto com a Paixão. Em seguida, veio a confusa ressurreição. Então veio [...] nada mais.

A tradição judaica predominante não sugeria que Deus restauraria Israel e inauguraria o reino por meio de um homem condenado que aceitou humildemente sua morte. No entanto, em última instância, os primeiros seguidores de Jesus acreditavam que ele havia desempenhado no mundo um papel de sacrifício e expiação. De onde veio essa interpretação — que surgiu quando Paulo escreveu suas cartas, décadas após a Paixão — de sua missão? Talvez de lembranças das palavras do próprio Jesus. Os apóstolos tiveram que chegar à definição de sua missão messiânica de alguma forma, e Jesus provavelmente falara dessas coisas durante sua vida — palavras que voltaram à mente de seus seguidores após a Paixão. Por motivos históricos, o Cristianismo é uma fé derivada, em parte, de tradições orais e escritas que datam da época do ministério de Jesus e de seus discípulos. "O Filho do homem está prestes a ser entregue nas mãos dos homens. Eles o matarão, mas três dias depois ressuscitará"[40], diz Jesus no Evangelho de Marcos, que acrescenta que os discípulos, naquele momento "não conseguiam entender o que Ele desejava comunicar, mas tinham receio de inquiri-lo a este respeito."[41]

Parece improvável que os apóstolos tenham tirado essas palavras e ideias do nada, pois sua história e sua mensagem exigiam credulidade já naquela época. Paulo admitiu a dificuldade: "Nós, entretanto, proclamamos a Cristo crucificado, que é motivo de escândalo para os judeus e loucura para os gentios."[42] Um rei que morreu como um escravo? Um sacrifício humano de expiação? Um messias ressuscitado? Como Paulo afirmou em um dos primeiros escritos conhecidos do Novo Testamento, no entanto, o cerne da questão era justamente este: Jesus "se entregou voluntariamente pelos nossos pecados, a fim de nos resgatar deste atual e perverso sistema mundial, segundo a vontade de nosso Deus e Pai."[43] Por que inventar algo sem base histórica na pregação do próprio Jesus? A história da salvação do Cristianismo era singular e específica, conferindo um acorde religioso peculiar à sinfonia existente do judaísmo. O fato de os discípulos terem entendido Jesus tão mal na época da Paixão é evidência do poder e da prevalência da teologia existente do Reino de Deus, uma teologia que antecipava uma luta final iminente entre as forças do bem e do mal.

Ao escrever os evangelhos e, depois, ao formular a doutrina da igreja no segundo, terceiro e quarto séculos, os seguidores de Jesus reagiram ao seu fracasso em voltar, reinterpretando suas visões teológicas à luz de sua experiência histórica. Se o tipo de reino que eles esperavam há tanto tempo não estivesse próximo, a vida, a morte e a ressurreição de Jesus deveriam ter outro significado. O Cristo que eles procuravam no começo não era o Cristo que conheceram. Seu reino não estava chegando em termos literais, mas eles acreditavam ter criado algo novo: a igreja, os sacramentos, a promessa da salvação no último dia — independentemente de quando isso acontecesse.

A mudança da ênfase do curto para o longo prazo foi uma conquista essencial. Como os primeiros crentes se convenceram de que a Paixão e a ressurreição de Jesus lhes deram as chaves do céu, eles se importavam menos com o momento da vinda, pois Deus valia a espera. Com base nas imagens de Isaías, João, o Evangelista, evocou a glória derradeira no Livro do Apocalipse: "Ele lhes enxugará dos olhos toda a lágrima; não haverá mais morte, nem pranto, nem lamento, nem dor, porquanto a antiga ordem está encerrada. E Aquele que está assentado no trono afirmou: 'Eis que faço novas todas as coisas.'"[44]

As palavras de Jesus na Última Ceia — em que o pão e o vinho representavam seu corpo e seu sangue — agora faziam mais sentido: Ele era, segundo a igreja primitiva, o cordeiro imolado na tradição da antiga Israel. Voltando-se às escrituras antigas, os apóstolos começaram a encontrar o que decidiram ser profecias que Jesus havia cumprido. Chegando ao 53º capítulo de Isaías, eles interpretaram a crucificação como um portal que era necessário cruzar para alcançar um dia ainda mais glorioso: "Ele foi transpassado por causa das nossas próprias culpas e transgressões, foi esmagado por conta das nossas iniquidades [...] e mediante suas feridas fomos curados."[45] Os seguidores de Jesus viram o Senhor ressuscitado como uma figura prevista em passagens como esta, de Daniel: "E eu continuava contemplando minhas visões noturnas, quando vi que alguém semelhante a um ser humano vinha nas nuvens do céu. Ele se deslocou em direção ao ancião bem idoso e foi conduzido à sua presença. E foi-lhe outorgada toda a autoridade, glória e posse do Reino, para que todos os povos, nações e línguas o adorem e o sirvam; o seu domínio é domínio eterno, que jamais terá fim; e o seu Reino jamais será destruído."[46]

Certamente, quem lê os textos israelitas antigos, fora da tradição cristã, pode não necessariamente interpretá-los como prólogo do Novo Testamento; os livros bíblicos têm suas próprias narrativas. Pensar que o Cristianismo nega a aliança de Deus com Israel é equivocado e contrário ao ensino canônico. Durante o Concílio Vaticano II, a Igreja Católica Romana publicou um importante documento, *Nostra Aetate* ["Em Nosso Tempo"], que argumentava contra o antissemitismo e defendia o respeito às diferentes crenças: "A igreja reprova, por isso, como contrária ao espírito de Cristo, toda e qualquer discriminação ou violência praticada por motivos de raça ou cor, condição ou religião."[47] Paulo escreveu que a escolha de Deus pelo povo judeu é eterna: "Quanto à eleição, amados por causa dos patriarcas. Porque os dons e o chamado de Deus são irrevogáveis."[48]

Independentemente do que se pense do Cristianismo, Jesus deu origem a uma visão duradoura das origens, da natureza e do destino da vida humana, uma visão religiosa profundamente enraizada no judaísmo. Todos são criados à imagem de Deus; como Paulo diz: "Não há judeu nem grego, escravo ou livre, homem ou mulher; porque todos vós sois um em Cristo Jesus"[49]; assim, todos são iguais, preciosos, dignos. A humildade era essencial; a generosidade, vital; o amor, central. E a mensagem era tão poderosa e tão envolvente, que a noção de Deus se manifestando na forma humana e se sujeitando à dor e à morte inspirou o martírio e o sofrimento. Ao escrever sobre Roma para Nero, Tácito relatou que os Cristãos "cobertos por peles de animais, foram estraçalhados por cães e pereceram; ou eram pregados a cruzes, e por vezes queimados, para servir de iluminação noturna quando a luz do dia havia findado."[50]

Muitas questões teológicas persistem e sempre persistirão: será que Jesus entendia sua relação com Deus, o Pai, da forma como o Cristianismo atualmente o faz? Lucas afirma que sim: "É necessário que o Filho do homem passe por muitos sofrimentos e venha a ser rejeitado", disse Jesus, "seja assassinado e, ao terceiro dia, ressuscite."[51] Ele compreendia seu papel de expiação? João afirma que sim: "Eu sou o Pão Vivo que desceu do céu; se alguém comer deste pão, viverá eternamente; e o pão que deverei dar pela vida do mundo é a minha carne."[52] Mas o quanto disso é fato histórico, e o quanto é teologia bem-intencionada, mas não histórica? É impossível dizer.

"Quão insondáveis são os seus juízos", escreve Paulo sobre o Senhor, "e quão inescrutáveis os seus caminhos."[53]

A menos e até que fiquemos, nas palavras de Paulo, "face a face" com Deus, somos deixados com uma exortação de um dos textos favoritos de Santo Agostinho, o Salmo 105: "Procurai o Senhor e seu poder, buscai sempre a sua face."[54] Como a busca continua para muitas pessoas de muitas formas, Paulo nos deu um guia para a jornada: "Caminhai em paz uns com os outros. Consoleis os desanimados, ampareis os fracos e sejais pacientes para com todos. Evitai que ninguém retribua o mal com o mal, mas encorajai que todos sejam bondosos uns para com os outros. Conservai permanentemente a vossa alegria! Orai constantemente. Não trateis com desdém as profecias, mas, examinai todas as evidências, retende o que é bom. Afastai-vos de toda a forma de mal."[55]— palavras sábias para todos nós, independentemente de nossas questões, independentemente de nossa fé.

A ASSOMBROSA CRUZ

Contudo, estamos colocando a carroça na frente dos bois. Antes que possamos celebrar o mistério da Páscoa e considerar as origens da doutrina cristã, precisamos contemplar o mistério da Sexta-feira Santa.

Jesus foi pregado a uma cruz que provavelmente tinha cerca de 2 metros de altura.[56] Cruzes não pairavam sobre Jerusalém, como a arte da Idade Média costuma sugerir. Ele não apenas morreu como um de nós; ele morreu entre nós. A questão para nós é o que isso significava e o que isso significa. Nos termos de Pilatos: Qual era, e qual *é*, a verdade que envolve a cruz?

A história é algo que aconteceu no tempo e no espaço. A teologia pode ser entendida como o que as pessoas pensam que a história significa em relação a uma ordem presumida, além do tempo e do espaço. A história é horizontal, a teologia é vertical, e sua interseção é uma força motriz adjacente a nosso imaginário religioso, coletivo e pessoal. As narrativas que contamos a nós mesmos sobre quem somos, o que amamos e como vivemos são formuladas e propagadas tanto pelos fatos quanto pela ficção. A história e a teologia estão intimamente ligadas, e, juntas, proponho, elas criam a verdade. Fato é aquilo que podemos ver ou distinguir; a verdade é o significado maior que depreendemos desses fatos.

O mesmo aconteceu no Calvário, há dois milênios. As Últimas Frases são, ao mesmo tempo, história e teologia. Compreender que chegamos à história de Jesus por meio de duas dimensões, de dois níveis, facilitará nosso trabalho juntos. A fé cristã é binocular. A Paixão foi um evento histórico que se desenrolou em Jerusalém e foi também um evento teológico que transformou o mundo. Os que estavam aos pés da cruz podem ter visto e ouvido Jesus, mas o que viram e ouviram não foi a história completa. Jesus clamou a Deus; seus seguidores ouviram os gritos. O que aquelas pessoas não sabiam à época era que o Jesus da história estava prestes a se tornar o Cristo da fé, uma interseção do visível e do invisível que alteraria o modo como inúmeros seres entendem a realidade.

Pensar nas Sete Últimas Frases não exige que tomemos o evangelho como relatos literais, como se estivéssemos lendo sobre a invasão da Normandia ou sobre a crise dos mísseis cubanos. Acredito que é mais esclarecedor tratar as reivindicações do evangelho sobre as últimas horas de Jesus na Terra como pistas para as esperanças e para os medos dos fiéis, enquanto eles lutavam para entender aquela tumultuada sexta-feira.

Como veremos, os autores dos evangelhos — as fontes das Últimas Frases — não estavam escrevendo a história do modo como tendemos a pensar nela. "Não é que as fontes sejam ruins em si mesmas", escreveu Albert Schweitzer no início do século XX. "Uma vez que decidimos que não temos os materiais para acessar a vida completa de Jesus, mas apenas uma imagem de seu ministério público, devemos admitir que existem poucas figuras da antiguidade sobre as quais detemos tanto a informação indubitavelmente histórica, quanto os discursos autênticos. Um posicionamento é muito mais possível, por exemplo, no caso de Sócrates."[57]

Ainda assim, os evangelhos não são biografias, mas documentos laudatórios, feitos para persuadir, inspirar e convencer. (João é explícito em relação a isso: "Estes, entretanto, foram escritos para que possais acreditar [...] e para que, crendo, tenhais vida em Seu Nome."[58]) Os evangelhos devem ser lidos criticamente, considerando-se o contexto histórico. Ou seja, as Últimas Frases que estamos prestes a encontrar podem ou não ter sido realmente ditas por Jesus. O ponto é que cada um dos evangelistas achou importante que seu público *acreditasse* que

Jesus as havia dito. Isso nos leva à natureza devocional desta empreitada. Não estamos aqui para avaliar a historicidade de cada uma das Últimas Frases; em vez disso, estamos aqui para usar esses ditos como meio de apresentar algumas reflexões sobre a Sexta-feira Santa, sobre a origem da fé e sobre suas implicações e aplicações para aqueles intrigados pela história da cruz e pela história decorrente do Cristianismo.

Os curtos ensaios a seguir foram originalmente criados e redigidos para leitura na Devoção das Três Horas, da paróquia Episcopal St. Thomas Church Fifth Avenue, em Nova York, na Sexta-feira Santa. O costume de refletir sobre as frases ditas por Jesus na cruz — sete breves, mas atemporais, observações reunidas a partir dos evangelhos — data, pelo menos, da Idade Média.[59] Em 1618, São Roberto Belarmino, um jesuíta italiano, publicou *As Sete Palavras de Cristo na Cruz*. Para Belarmino, a cruz era "o púlpito do Pastor, o altar do Sacerdote Penitente, a arena do Combatente, a oficina do Realizador de Milagres"; as palavras de Jesus, escreveu Belarmino, devem ser vistas (e ouvidas) como o "último sermão que o Redentor do mundo pregou [...] como de um púlpito elevado, para a raça humana."[60] As Últimas Frases inspiraram compositores (o trabalho de Haydn, no século XVIII, é talvez o mais célebre), escritores (John Donne, Gerard Manley Hopkins e James Joyce, entre outros) e pregadores.[61] A coleção de ditos nos dá a oportunidade de voltar não apenas nossos corações, mas nossa mente, para a cruz — uma oportunidade para *pensar* e *sentir*, especialmente nos dias mais sombrios, a Sexta-feira Santa.

Pouco antes de ir ao Jardim de Getsêmani, na véspera de sua morte, Jesus, de acordo com o Evangelho de João: "Levantou seus olhos para o céu e orou: 'Pai, é chegada a hora.'"[62] As sombras se avolumavam, e a Paixão se aproximava — a traição, a prisão, o flagelo, a crucificação, o suspiro e, por fim, a morte.

Para os cristãos, a chegada da hora de Jesus é o télos da história. A respeito de Jesus, não somos lunáticos, mas guardiões de uma tradição testemunhada, e nossa fé está enraizada no testemunho de apóstolos e profetas, de evangelistas e mártires, de santos e eruditos. Digo isso como crente, sim, mas também como historiador que passa os dias vasculhando o caos do passado em uma busca para entender, ainda que provisória e parcialmente, como e por que somos quem somos. Estamos agora diante da cruz, nos momentos mais lancinantes que Jesus viveu. Que tenhamos em mente a impactante verdade central da Sexta-feira Santa: que a tradição cristã cresceu a partir do sacrifício mais doloroso, misterioso e confuso imaginável — de um pai que ofereceu seu filho. Nós nos ajoelhamos diante da cruz em honra ao amor da doação, e a cruz deve servir como repreensão e como lembrete — uma repreensão ao mundo por suas vaidades e pecados, e um lembrete de que, no cerne da história do cristianismo, reside o amor, não o ódio; a graça, não a raiva; a misericórdia, não a vingança. Essa é, pelo menos, uma resposta à pergunta de Pilatos sobre a verdade.

A PRIMEIRA FRASE

E eram levados com Ele dois outros homens, ambos criminosos, a fim de serem executados. Quando chegaram a um lugar conhecido como Caveira, ali o crucificaram com os criminosos, um à direita e o outro à sua esquerda. Apesar de tudo, Jesus dizia,

Pai, perdoa-lhes, pois não sabem o que estão fazendo!

A seguir, dividiram entre si as vestes de Jesus, tirando sortes. Uma grande multidão estava presente e a tudo observava, enquanto as autoridades o ridicularizavam, exclamando: "Salvou os outros! Pois agora salve-se a si mesmo, se é de fato o Cristo de Deus, o Escolhido!" Da mesma forma os soldados se aproximaram e também dele zombavam. Oferecendo a Ele vinagre. E o provocavam: "Se tu és o rei dos judeus, salva-te a ti mesmo!" Também havia sido afixada uma inscrição acima dele, onde se lia: Este É o Rei dos Judeus.

— LUCAS 23:32—38

A PRIMEIRA OBSERVAÇÃO DE JESUS DA CRUZ é encontrada exclusivamente em Lucas: "Pai, perdoa-lhes, pois não sabem o que estão fazendo!"[1] É justo que a primeira frase seja tão problemática quanto essa, pois o drama da cruz em si é misterioso.

Vamos recapitular o que sabemos sobre o caminho para o Calvário. Nascido de Maria, uma jovem mulher, Jesus pregou a vinda do Reino de Deus, um reino que derrubaria os poderes dominantes no mundo e traria o reconhecimento universal do Deus de Israel. "Arrependei-vos", disse ele, "porque o Reino dos céus está próximo."[2] Em Marcos, provavelmente o evangelho mais antigo, Jesus havia predito o caos vindouro e depois a ordem:

> Assim que ouvirem notícias sobre guerras e rumores de guerras, não vos assusteis; é necessário que assim ocorra, contudo, ainda não é o fim.
>
> Porquanto nação se levantará contra nação, e reino contra reino. Sucederão terremotos em vários lugares

*e muita fome por toda parte. Esses acontecimentos
são o início das dores...*

*Naqueles dias, depois do referido período de tribulação,
"o sol escurecerá e a lua não dará a sua luz;*

*As estrelas cairão do céu e os poderes celestes serão
abalados".*

*Então o Filho do homem será visto chegando nas
nuvens...*

*Ele enviará os seus anjos e reunirá os seus eleitos dos
quatro ventos, das extremidades da terra até os
confins do céu...*

*Com toda a certeza vos afirmo que não passará esta
geração até que todos esses fatos ocorram.*[3]

Em seu sacerdócio público, Jesus atraiu seguidores devotos. Realizando atos milagrosos, ele parecia capaz de curar os doentes, exorcizar demônios e até ressuscitar os mortos. Os relatos de sua entrada triunfal em Jerusalém na semana anterior à sua última *Pessach* sugerem que ele foi recebido com entusiasmo pelos peregrinos judeus na cidade santa — e por isso foi visto como uma força desestabilizadora pelas autoridades governantes de Jerusalém. (Jesus foi executado na esteira de uma atividade antirromana, sangrenta o bastante para ter resultado na condenação de, pelo menos, outros três homens, incluindo Barrabás, a quem os evangelhos nos dizem que seria executado pelo seu papel naquele episódio violento.[4]) Era, então, um período de tumulto e incertezas, e,

36 | A ESPERANÇA DA GLÓRIA

historicamente falando, a crucificação foi provavelmente o resultado de multidões em êxtase que esperavam que Jesus trouxesse o reino à terra *imediatamente*.

Se Jesus fosse realmente uma ameaça revolucionária[5] no sentido tradicional de liderar ou inspirar uma revolta armada, ele provavelmente não teria sido a única figura do seu círculo a morrer. Seus seguidores foram deixados em paz após a crucificação e estavam livres, na maior parte do tempo, para se estabelecerem em Jerusalém, enquanto trabalhavam em uma nova compreensão do significado da morte de Jesus na cruz e de seu túmulo vazio. Questões complexas e grandes temas — de fato, os maiores que qualquer pessoa possa imaginar. E por que não? A iniciativa cristã, derivada de suas raízes no judaísmo, trata de uma cosmologia que tenta explicar os aparentes triunfos do mal e afirma a convicção de que a justiça e a bondade prevalecerão. É *óbvio* que é complicado.

As Sete Últimas Frases foram coletadas dos diferentes relatos do evangelho como um exercício devocional, e a igreja há muito tempo decidiu iniciar os trabalhos da Sexta-feira Santa com as palavras de absolvição de Jesus. No entanto, creio que entendemos de modo errado a declaração de perdão de Jesus se a lermos — como fazem muitos pregadores — como uma afirmação da grandeza da misericórdia de Deus. Veja, sermão após sermão afirmou, observe a incrível graça de Jesus; mesmo na mais aguda das dores e na mais extraordinária das agonias, o

Filho do homem abraça todos os pecadores, estendendo a salvação aos torturadores que O estão assassinando.

É verdade que o tema do perdão é um elemento forte no Evangelho de Lucas e além. (Dante se referia a Lucas como "o escriba da mansidão de Cristo".[6]) É Lucas quem relembra os ensinamentos de Jesus: "Amai os vossos inimigos, fazei o bem aos que vos odeiam; abençoai aos que vos amaldiçoam, orai pelos que vos acusam falsamente."[7] Mais tarde, em Atos, Lucas escreve sobre uma oração semelhante feita por São Estevão, para que o Senhor perdoe aqueles que o perseguem.[8] Outra fonte antiga afirma que Tiago, o irmão do Senhor, orou: "Senhor, Deus, Pai, perdoa-lhes, pois não sabem o que estão fazendo"[9], enquanto um grupo rival o apedrejava.

É tentador, então, interpretar as próprias palavras de perdão de Jesus vindas da cruz como uma personificação de sua missão de misericórdia pelo mundo. Mas é aqui que mora o problema: se o plano de Deus exigia a morte e a ressurreição de seu Filho, por que os agentes desse plano precisariam de absolvição? Ensinaram-nos que Jesus precisou morrer para a salvação de muitos. Sem seu sofrimento, morte e ressurreição, então não haveria salvação, nem novo céu e nova terra. Em nenhum lugar do Novo Testamento alguém argumenta que Jesus poderia realizar o trabalho de redenção vivendo uma vida natural e morrendo gentilmente enquanto dormia, após muitos anos. Não, a história é o oposto: Jesus deveria se submeter obedientemente à vontade do Pai, que decretou que seu Filho morreria violentamente, para que todos um dia pudessem ter seus pecados perdoados e alcançassem a vida eterna.

Bem aqui, tantos séculos distantes dos eventos relembrados na Semana Santa, sejamos claros: a morte de Jesus é essencial para a esperança cristã. Então, por que Lucas faz com que Jesus agisse como se perdoasse seus perseguidores por terem desempenhado o papel crítico e necessário para promover a salvação do mundo e a vinda de um reino de justiça?

A resposta pode estar no cuidado e na preocupação do evangelista. Vamos nos imaginar no contexto das décadas após a Paixão de Jesus. Nossos evangelhos foram compostos quarenta a setenta anos após a morte de Jesus. Cada um foi escrito tendo um certo público ou comunidades específicas em mente. Alguns temas são exaltados, outros, subestimados, dependendo de quem o evangelista tenta alcançar e convencer. Por esse ângulo, a inclusão de Lucas da frase "Pai, perdoa-lhes, pois não sabem o que estão fazendo" é uma marca retórica genial. Qualquer gentio que ouvisse a história em um mundo dominado pelos romanos poderia se sentir desculpado, pois as autoridades imperiais estavam sendo desculpadas, permitindo que o público gentio deixasse de lado seu receio quanto à sua cumplicidade no assassinato. Qualquer judeu que ouvisse a história também poderia se sentir desculpado; os membros do Templo haviam feito o que haviam feito, mas ali estava o próprio Jesus, na interpretação de Lucas, perdoando a todos.

É ilógico considerar os romanos ou os membros do Templo como "culpados" pela morte de um Salvador cujo sofrimento foi predestinado e cuja missão inaugurou uma história de salvação que eliminaria as lágrimas da humanidade. Nós, entretanto, chegamos à história — e à cruz — com o benefício de séculos de reflexão teológica. Para aqueles primeiros seguidores de Jesus, a saga do sacerdócio e da Paixão do Senhor era paradoxal e confusa. Ainda pode ser, pois o trabalho da cruz marca um afastamento radical da experiência humana comum.

A tarefa dos evangelistas — a tarefa de Lucas — era alcançar o maior número de almas, no momento em que o movimento cristão era tênue e frágil. Ao relatar que o próprio Jesus havia perdoado os responsáveis por sua morte, Lucas estava tornando a fé mais acessível e atraente. Haveria situações e tempo suficientes para falar de nuances como as que estamos debatendo agora. No tumulto dos primeiros séculos, uma época de conflitos políticos e convulsões sociais, era melhor lançar a rede o mais longe possível.

Lucas era realmente hábil nessa árdua tarefa: seu evangelho, assim como o seu volume sobre os Atos dos Apóstolos, é um épico literário. É Lucas que nos dá, por exemplo, o *Magnificat* ("Engrandece minha alma ao Senhor, e o meu espírito se regozija em Deus, meu Salvador"[10]) e o *Benedictus* ("Bendito seja o Senhor, Deus de

Israel, pois que visitou e redimiu o seu povo; Ele concedeu poderosa salvação na casa de Davi, seu servo; assim como prometera por meio dos seus santos profetas desde a antiguidade: salvando-nos dos nossos inimigos e das mãos de todos os que nos odeiam"[11]). Ele escreve sobre epifanias, sobre a revelação de Jesus ao mundo. Nas mãos de Lucas, proclama-se o papel de Jesus como salvador:

> Nas proximidades havia pastores que estavam nos campos e que durante a noite cuidavam dos seus rebanhos. E aconteceu que um anjo do Senhor apareceu a eles e a glória do Senhor reluzindo os envolveu; e todos ficaram apavorados. Todavia, o anjo lhes revelou: "Não temais; eis que vos trago boas notícias de grande alegria, e que são para todas as pessoas: hoje, na cidade de Davi, vos nasceu o Salvador, que é o Messias, o Senhor! Isto vos servirá de sinal: encontrareis um recém-nascido envolto em panos e deitado sobre uma manjedoura." E no mesmo instante, surgiu uma grande multidão do exército celestial que se juntou ao anjo e louvavam a Deus entoando: "Glória a Deus nos mais altos céus, e paz na terra às pessoas que recebem sua graça!"[12]

Meu bom amigo e ex-reitor Andrew Mead conta uma história sobre o grande erudito clássico Richmond Lattimore, um poeta e renomado tradutor do grego, inclusive do Novo Testamento. Professor do Bryn Mawr College, próximo à Filadélfia, Lattimore frequentava regularmente a missa com sua esposa na Igreja Episcopal do Bom Pastor, em Rosemont. Entretanto, ele nunca ia ao altar comungar, e o Padre Mead pensava, com razão, que Lattimore era cético. No entanto, no final da vida, Lattimore concordou em ser batizado.

"Dr. Lattimore", questionou Andrew, "pensei que você tivesse ressalvas sobre a fé cristã e a igreja".

"Eu tinha", respondeu Lattimore.

"Mas você não tem mais?"

"Não, não mais."

"Se me permite perguntar, quando isso mudou?"

"Em algum momento em São Lucas."

Em algum momento em São Lucas: o evangelho que se inicia com a concepção de uma criança e, em muitos aspectos, alcança o seu clímax no Calvário e no túmulo onde Jesus foi sepultado, mas ressuscitou, conta uma história tão poderosa que seu objetivo — a conversão de um mundo maior — ainda tem reflexos quase 2 mil anos depois. "O céu e a terra desaparecerão", diz Jesus em Lucas, "contudo as minhas palavras de maneira nenhuma passarão".[13]

Minha leitura da Primeira Frase é crítica, se "crítica" significar interpretativa, e não literal. Sigo uma antiga tradição exegética, que sustenta que as escrituras podem ser inspiradas, mas certamente são falíveis. Somos chamados a usar a mente e o coração na leitura da Bíblia, decidindo, pelo uso da razão, se determinado trecho é um relato real ou um artifício teológico. A Bíblia não foi enviada pelo Sedex divino, nem o Senhor Deus dos Exércitos enviou um pdf ou um link para as escrituras. Escritos em grego e se baseando em uma tradução grega das escrituras originalmente hebraicas, os evangelhos contam histórias em um idioma estranho ao próprio Jesus. Devemos nos envolver com os textos da fé com razão, inteligência crítica e capacidade de distinguir história de lenda, narrativa de alegoria e fato de exaltação.

Não é uma visão muito popular, pois transforma o etos de "Jesus me ama / Sim, eu sei / porque está escrito na Bíblia" das escolas dominicais e dos acampamentos bíblicos em algo mais complexo. Alguns anos atrás, eu me reuni com alguns clérigos na Costa Leste. Acabamos conversando sobre interpretações críticas do Novo Testamento. Observei que não achava possível as pessoas entenderem a Bíblia se fossem ensinadas a pensar nela como uma coleção de notícias antigas do Jornal das 20h. (CANÁ, GALILEIA — *Ontem, de modo surpreendente, Jesus de Nazaré transformou aguá em vinho durante um casamento local.*) "Essa é a sua leitura crítica dos evangelhos", rebateu um ministro, "mas no púlpito não é possível." *Por quê?*, perguntei. "Porque", disse ele, "você não pode mexer com Jesus."

A observação do clérigo destacou um dos problemas enfrentados não apenas pelos cristãos, mas também pelo mundo em geral: até que ponto os livros sagrados devem ser lidos e interpretados de maneira crítica, em vez de interpretados literalmente? Para as gerações posteriores de fiéis, o que foi escrito em circunstâncias adversas pode assumir o status de fato imutável.

Certamente é verdade que, para aquele que crê e para o que busca entender, o objetivo de ler os escritos sagrados não é o mesmo que ler, digamos, a história das Guerras Púnicas ou da Segunda Guerra Mundial. Os textos são documentos diretivos. Como diz a Segunda Carta a Timóteo: "Toda a Escritura é inspirada por Deus e útil para ministrar a verdade, para repreender o mal, para corrigir os erros e para ensinar a maneira certa de viver; a fim de que todo homem de Deus tenha capacidade e pleno preparo para realizar todas as boas ações."[14]

É bastante justo, e Santo Agostinho reforçou a questão, escrevendo: "Se alguém julga ter entendido as Escrituras Divinas ou parte delas, mas se com esse entendimento não edifica a dupla caridade — a de Deus e a do próximo —, é preciso reconhecer que nada entendeu."[15]

No entanto, o contexto e a crítica são importantes. "Para descobrir a intenção dos hagiógrafos, devem ser levados também em conta, entre outras coisas, os 'gêneros literários'", escreveu a Igreja Católica Romana em 1965 no documento *Dei Verbum*: "Com efeito, a verdade é proposta e expressa de modos diversos, segundo se trata de géneros histéricos, proféticos, poéticos ou outras formas de discurso [...] Para entender rectamente o que

44 | A ESPERANÇA DA GLÓRIA

o autor sagrado quis afirmar, deve atender-se convenientemente, quer aos modos nativos de sentir, dizer ou narrar em uso nos tempos do hagiógrafo, quer àqueles que costumavam empregar-se frequentemente nas relações entre os homens de então."[16]

A primeira frase que ouvimos da cruz, então, é um lembrete de que tudo o que escutamos não deve ser tomado acriticamente. Em uma oração publicada em 1549 no *Livro de Oração Comum*, as escrituras devem ser ouvidas, lidas, marcadas, aprendidas e interiorizadas com cuidado e apreciação do contexto.[17] Razão e fé são as asas com as quais podemos nos erguer das trevas da ignorância e do desespero, buscando perdão e nada menos que santidade em um mundo profano. E "em algum momento em São Lucas" não é tão ruim para se começar.

A SEGUNDA FRASE

*Um dos criminosos que ali estavam
crucificados esbravejava insultos contra Ele:
"Não és tu o Messias? Salva-te a ti mesmo
e a nós também!" Mas o outro criminoso
o repreendeu, afirmando: "Nem ao menos
temes a Deus, estando sob a mesma
sentença? Nós, na verdade, estamos sendo
executados com justiça, pois que recebemos
a pena que nossos atos merecem. Porém, este
homem não cometeu mal algum!" Então,
dirigindo-se a Jesus, rogou-lhe: "Jesus,
lembra-Te de mim quando entrardes no teu
Reino." E Jesus lhe assegurou:*

"Com toda a certeza te garanto: Hoje mesmo estarás comigo no Paraíso!"

— Lucas 23:39—43

A TÉ PARA OS PADRÕES RÍGIDOS do mundo antigo, a crucificação era brutal.[1] Para Roma, que a reservava especialmente para desencorajar rebeliões contra a ordem imperial, a *crux*[2] era a punição suprema, a mais cruel e humilhante da tripartite *summa supplicia* (a segunda era ser queimado vivo, a terceira — usada para os criminosos da classe alta e para os cidadãos — era a decapitação). "Pode-se encontrar alguém disposto a ser preso à árvore amaldiçoada, há muito doentio, já deformado, inchando com feridas feias nos ombros e peito e atraindo o fôlego da vida em meio à agonia prolongada?", escreveu o estoico romano Sêneca. "Ele teria muitas desculpas para morrer antes mesmo de subir na cruz."[3]

Para enfraquecer o condenado, os soldados o açoitavam. "O instrumento comum era um chicote curto [...] com várias tiras de couro simples ou trançadas de comprimentos variáveis, nas quais pequenas bolas de ferro ou pedaços afiados de ossos de ovelha eram amarrados", relatou o *Journal of the American Medical Association*, em 1986. "Ocasionalmente, também eram usadas aduelas. Para a flagelação, o homem era despido e suas mãos amarradas a uma haste na vertical. As costas, nádegas e pernas eram açoitadas por dois soldados (lictores) ou por um que alternava posições. A severidade do flagelo dependia da disposição dos lictores e pretendia enfraquecer a vítima a um estado pouco antes do colapso ou da morte."[4]

O condenado era tipicamente forçado a transportar a haste horizontal, conhecida como patíbulo, para o local da execução.[5] Este era um elemento adicional de tortura, pois o patíbulo tendia a pesar entre 35 e 57kg. Ele seria pregado à cruz finalizada — mais frequentemente pelos pulsos do que pelas palmas das mãos — por "espigões de ferro cônico de aproximadamente 10 a 15cm" de comprimento; pregos semelhantes atravessariam os pés. Os crucificados tendiam a morrer de asfixia e choque pela perda de sangue.[6] É difícil conceber uma maneira mais lenta e dolorosa de morrer. Cícero se referiu à crucificação, que foi projetada para ser o mais pública possível, como um lembrete, uma "praga";[7] o estudioso Martin Hengel acreditava que "satisfazia o desejo primitivo de vingança e a crueldade sádica dos governantes [...]. Pela exibição pública de uma vítima nua em um lugar de destaque — em uma encruzilhada, no teatro, em um terreno elevado, no local de seu crime — a crucificação representava sua extrema humilhação"[8].

Dizem-nos que outros dois — "criminosos", na tradução da Bíblia King James; arruaceiros políticos ou insurgentes, em termos mais modernos e precisos — foram mortos com Jesus. Um dos homens clamou a Jesus pedindo para ser lembrado quando o Senhor adentrasse em seu reino;[9] Jesus responde com a garantia da redenção e da paz.

As palavras marcam o ápice do trabalho central do ministério público de Jesus, concentrado na proclamação de um reino no qual o último será o primeiro. A presença dos outros dois homens também dramatiza as complexidades do momento político em que a Paixão se desenrola. Houve uma rebelião recente — na qual Barrabás, libertado por Pilatos em vez de Jesus, cometeu sedição e assassinato[10] — e, ainda assim, aqui estão outros dois insurgentes que causaram problemas suficientes para Roma crucificá-los.

Há muita especulação sobre os bastidores políticos da crucificação de Jesus. Os cenários incluem a possibilidade de ele ter sido visto como um revolucionário, determinado a derrubar o domínio romano por meio da força. Que Jesus era uma figura exclusivamente política, no entanto, parece improvável. Se ele tivesse sido, é difícil acreditar que só ele teria morrido. Roma teria seus seguidores próximos como alvos também. Por que não crucificar, pelo menos, alguns dos discípulos, nenhum dos quais sequer foi preso, visto que se acreditava em uma revolta em grande escala? Além disso, é duvidoso que a mensagem do evangelho tivesse se espalhado entre os gentios do Império Romano se sua figura central fosse executada como traidor no sentido tradicional da palavra. Jesus perturbou a ordem política, sim, mas ele fez isso, ao que parece, pregando a chegada de um reino que transcendia os entendimentos comuns das leis e atraindo o apoio popular entre as multidões da *Pessach* em Jerusalém, no momento de sua morte.

Para mim, o perdão desse insurgente ressalta o mistério do amor de Jesus e a inescrutabilidade da fé. Quando somos honestos com nós mesmos, não ficamos tão confortáveis com a inescrutabilidade. Muitos de nós preferem a certeza à incerteza, a clareza aos enigmas. Gostamos de pensar que temos, se não todas as respostas, pelo menos mais respostas do que as outras pessoas.

No mínimo, o relato do perdão de Jesus ao insurgente no Calvário deve dar a alguém que afirma conhecer a mente de Deus um momento para reflexão. A troca é emocionante, até íntima. E o termo "Paraíso" é extraído de uma palavra persa que significa um jardim ou um parque fechado.[11] João, o Evangelista, usou a mesma palavra no Apocalipse: "Quem tem ouvidos, compreenda o que o Espírito declara às igrejas: 'Ao vencedor darei o direito de comer da árvore da vida, que está no paraíso de Deus.'"[12] A promessa de Jesus ao insurgente é o dom de tudo. E também é sua promessa para nós.

Hoje mesmo estarás comigo no Paraíso: Deus é Todo-Poderoso e está muito além de nosso controle e compreensão. Sua misericórdia está disponível para todos, mesmo que os caminhos e meios da graça permaneçam misteriosos, ocultos de nossos olhos e entendimentos. Vamos

52 | A ESPERANÇA DA GLÓRIA

apenas orar para que também possamos um dia habitar em comunhão com o Senhor e com todos aqueles a quem ele escolheu perdoar. Pois precisaremos desse perdão e dessa graça tanto quanto o homem condenado que teve a sabedoria de clamar a Jesus. A questão é se teremos coragem e humildade para fazer o mesmo apelo.

A TERCEIRA FRASE

Próximo à cruz de Jesus estavam sua mãe, a irmã dela, Maria, mulher de Clopas, e Maria Madalena.
Quando Jesus, contudo, viu sua mãe e junto a ela o discípulo a quem Ele amava, disse à sua mãe:

Mulher, eis aí teu filho!

Em seguida, disse Jesus ao seu discípulo:

Eis aí a tua mãe!

E daquele momento em diante, o discípulo amado a recebeu como parte de sua família.

— João 19:25–27

Quando Jesus deixa sua mãe aos cuidados de João, o Discípulo Amado, ele está, de certo modo, arrumando a casa, organizando da melhor maneira possível o mundo que ele está deixando. Em um sentido mais amplo, está deixando um exemplo para os seus seguidores se amarem da maneira mais profunda e poderosa possível. E amar a nós mesmos não conta.

Na verdade, é o contrário. Certa vez, uma jovem escreveu para John Henry Newman buscando aconselhamento espiritual. A resposta de Newman foi certeira — provavelmente, inesperada: "Você pensa mais em você do que em [Deus]: alegre-se por Ele se importar com você, submeta-se quando Ele a observar."[1]

Esse é um chamado fundamental para fixar nossos olhos não no interior, mas no exterior, um no outro e, principalmente, na cruz. A cada hora em que pensamos em nós mesmos, em obter e gastar, não apenas desperdiçamos nossos próprios poderes, mas nos afastamos dos eventos da Sexta-feira Santa e da Páscoa. E nos separar desses eventos é deixar de aproveitar todas as possibilidades da humanidade e do amor.

A indicação para que João cuide de Maria é um lembrete de que devemos, como diz a Carta de Tiago, ser praticantes da Palavra e não apenas ouvintes[2]. A injunção do evangelho sobre como devemos nos comportar neste mundo é clara. Como disse Jesus, em Mateus:

> Então, dirá o Rei a todos que estiverem à sua direita: "Vinde, abençoados de meu Pai! Recebei como herança o Reino, o qual vos foi preparado desde a fundação do mundo. Pois tive fome, e me destes de comer, tive sede, e me destes de beber; fui estrangeiro, e vós me acolhestes. Quando necessitei de roupas, vós me vestistes; estive enfermo, e vós me cuidastes; estive preso, e fostes visitar-me." Então, os justos desejarão saber: "Mas, Senhor! Quando foi que te encontramos com fome e te demos de comer? Ou com sede e te saciamos? E quando te recebemos como estrangeiro e te hospedamos? Ou necessitado de roupas e te vestimos? Ou ainda, quando estiveste doente ou encarcerado e fomos ver-te?" Então o Rei, esclarecendo-lhes responderá: "Com toda a certeza vos asseguro que, sempre que o fizestes para algum destes meus irmãos, mesmo que ao menor deles, a mim o fizestes."

O ponto é então destacado:

> Mas o Rei ordenará aos que estiverem à sua esquerda: "Malditos! Apartai-vos de mim. Ide para o fogo

eterno, preparado para o Diabo e os seus anjos. Porquanto tive fome, e não me destes de comer; tive sede, e não me destes de beber. Sendo estrangeiro, não me hospedastes; estando necessitado de roupas, não me vestistes; encontrando-me enfermo e aprisionado, não fostes visitar-me."[3]

No entanto, devemos estar conscientes de que o mistério da igreja fala de fé e trabalho. Fazer o bem, mas renunciar à crença na eficácia da cruz, é certamente melhor do que não fazer o bem. O ponto da Sexta-feira Santa, no entanto, é que somos convidados a adotar um modo de vida que nos oferece uma nova maneira de ver tanto o temporal quanto o transcendente. A história de Jesus é um guia e um portão; insta-nos a fazer ao outro o que gostaríamos que os outros fizessem a nós e, ao fazê-lo, somos atraídos cada vez mais para perto da cruz — o emblema do amor altruísta. Somos livres para recusar o convite, é claro, e muitos o fazem. Mas o convite ainda está lá, sempre disponível. "Venha e veja",[4] disse Jesus àqueles que se tornariam seus discípulos no início de seu sacerdócio.

Venha e veja: por que não vir e ver? Por que não, para pegar emprestada outra imagem do Novo Testamento, seguir os conselhos que a Carta aos Filipenses nos oferece: "Concluindo, caros irmãos, absolutamente tudo o que for verdadeiro, tudo o que for honesto, tudo o que for justo, tudo o que for puro, tudo o que for amável, tudo o que for de boa fama, se houver algo de excelente ou digno de louvor, nisso pensai."[5]

Depois de pensar um pouco, você pode chegar à conclusão de que não concorda totalmente com isso. Que assim seja: você estaria em excelente companhia. Em uma carta a Ezra Stiles, o Presidente da Yale, o idoso Benjamin Franklin, pouco antes de sua morte, escreveu:

Acredito em um Deus, criador do universo. Que Ele governa por sua providência. Que Ele deveria ser adorado. Que o serviço mais aceitável que podemos prestar a Ele é fazer o bem aos seus outros filhos. Que a alma do homem é imortal e será tratada com justiça em outra vida, respeitando sua conduta aqui. Considero esses os princípios fundamentais de toda religião sã, e as considero como você, em qualquer seita que as encontre. Quanto a Jesus de Nazaré [...], acho que seu sistema moral e religião, como Ele os deixou para nós, é o melhor que o mundo já viu ou provavelmente verá; mas temo que recebeu várias mudanças e tenho [...] algumas dúvidas quanto à sua divindade; embora seja uma questão sobre a qual não dogmatizo, nunca a tenha estudado e ache desnecessário me ocupar com isso agora, espero em breve uma oportunidade de conhecer a verdade com menos dificuldade.[6]

Espera-se que tenha funcionado para o Dr. Franklin. Mas a esperança mais segura, penso, é atender à velha história que nos é contada novamente na Sexta-feira Santa, aceitando o testemunho dos apóstolos e apegando--nos à fé. Não cegamente — pois a fé cega não é fé, mas fundamentalismo —, mas reverentemente, com respeito e alegria. Deveríamos, como João, que aceita ser filho de Maria, cuidar um do outro, lembrando que é pelo amor que enxergamos o divino e alcançamos a cruz de Cristo.

A QUARTA FRASE

E, por volta das três horas da tarde, Jesus clamou com voz forte: "Eloí, Eloí, lamá sabactâni?", que significa,

Meu Deus, Meu Deus! Por que me abandonaste?

— MATEUS 27:45—46

AQUI, NA METADE DE NOSSA JORNADA, chegamos ao coração da questão. O clamor de Jesus no Salmo 22 é a frase mais humana e ressonante da tarde. A palavra "clamar"[1] é significativa, pois "clamar", ou "ressoar", é geralmente usada na Bíblia como um grande apelo à ação — geralmente, ação redentora e milagrosa. Quando Jesus ressuscitou Lázaro dos mortos[2], ele "clamou em alta voz: 'Lázaro, vem para fora!'"[3] E lembre-se de que nos foi dito na Primeira Carta aos Tessalonicenses[4] que "com a voz do arcanjo e o ressoar da trombeta de Deus, o próprio Senhor descerá dos céus."[5] Até o povo de Deus — todos nós — é instruído a clamar com o intuito de constituir uma nova ordem, pois, como aconselha o salmista:

Povos todos, batei palmas, aclamai a Deus com vozes de alegria!

Pois o Senhor, o Altíssimo, inspira reverência: é o grande Rei sobre a terra.

Ele submeteu os povos ao nosso poder e as nações colocou sob nossos pés.[6]

O clamor de Jesus na cruz sobre ser abandonado pelo Pai levanta questões intrigantes. Se, como supõem os fiéis — e como os evangelhos, em suas predições da Paixão, insistem —, Jesus era ciente de sua missão terrena, então como seu clamor poderia ser interpretado literalmente? Por que perguntar se Deus o abandonou? Por que chorar de dor quando ele deveria saber que a ressurreição se aproximava?

Nós não sabemos. O que podemos dizer é o seguinte: Marcos e Mateus já nos disseram que, no Getsêmani, Jesus pediu que o cálice passasse por ele, porque a vontade do Pai, não a do Filho, deveria ser feita. Em Marcos e em Mateus, então, Jesus é um personagem mais trágico do que em Lucas e em João (que não incluem a expressão "Meu Deus, meu Deus" na cruz).[7]

Para mim, esse Jesus mais humano é uma figura convincente, e suspeito que Marcos e Mateus pensaram isso também. Ao retratá-lo como alguém que gritaria de dor e angústia, eles o tornam mais acessível, mais compreensível, mais semelhante a *nós*. A questão interpretativa, escreveu o estudioso católico romano Raymond E. Brown, "é se a luta contra o mal levará à vitória; e Jesus é retratado como desencorajado no final de sua longa batalha porque Deus, com cuja vontade Jesus se comprometeu no início da Paixão, não interveio na luta e aparentemente o deixou sem apoio [...] Jesus clama, esperando que Deus rompa a alienação que ele sentia."[8] Como um povo cujas vidas são frequentemente definidas por sentimentos de alienação — um do outro *e* do Criador —, reconhecemos o sofrimento, aproximando-nos mais da verdade da cruz.

E essa verdade está fundamentada na história, pois, por mais que pensemos na precisão das Últimas Frases ou nos diversos detalhes da crucificação, podemos dizer com segurança que Jesus de Nazaré realmente sofreu e realmente morreu em uma cruz romana. Tal (junto com o túmulo vazio) era o ensino primário das tradições mais antigas do Novo Testamento — tradições que dão vida e energia à igreja que conhecemos até agora.

Se ele não sofresse, se não sangrasse, se não sentisse toda a dor da execução ao respirar, então ele não seria o Cristo que conhecemos. Ele estava cumprindo seu papel histórico naquela cruz; ele não estava brincando, nem agindo como um deus que fingia morrer. Ele era o verbo que virou carne, que era, por mais estranho e incompreensível que pareça, cheia de graça e verdade.

Novamente esta palavra, a palavra que ouvimos pela primeira vez no interrogatório com Pilatos: "verdade". O significado grego[9] do termo, tanto nos lábios de Pilatos quanto no prólogo do Evangelho de São João, é "manifesto" ou "real", em oposição ao que é mentiroso ou enganoso.

O clamor por ter sido abandonado é um momento tão comovente quanto qualquer outro encontrado nos evangelhos ou em qualquer obra da literatura antiga. Também é importante notarmos que, na íntegra, o Salmo 22 é uma jornada do desespero à esperança. Veja a última parte das escrituras que Jesus invocou na cruz:

Salva minha vida da espada, livra o meu ser do ataque dos cães.

Salva-me da boca dos leões...

Vou anunciar teu nome aos meus irmãos; cantar-te-ei louvores no meio da congregação:

Vós que temeis ao Senhor, louvai-o! Glorificai-o, todos vós, descendentes de Jacó; reverenciai-o, descendência toda de Israel.

Pois não desprezou nem desdenhou o sofrimento do aflito; não ocultou sua face do angustiado, mas ouviu seu clamor por ajuda.

De ti vem o meu louvor na grande congregação...

Os pobres se alimentarão até ficarem satisfeitos; louvarão ao Senhor aqueles que o buscam: "Que vossa vida seja longa e próspera!"

Todos os confins da terra se lembrarão e se converterão ao Senhor, e todas as famílias das nações se prostrarão diante dele.

Pois ao Senhor pertence o reino: Deus governa as nações![10]

Luz nas trevas, vida da morte, resgate na tribulação: essas são as promessas do Salmo 22 e, supõe-se, de Deus Pai, por meio do abandono momentâneo do Filho. Não surpreende que as palavras mais cruas da crucificação talvez nos digam o máximo sobre o significado divino do Calvário, um lugar de violência e ódio transformado em uma manifestação de *ágape* indescritível.

Quando me perguntam, o que ocasionalmente acontece, como posso acreditar em Deus, respondo da maneira mais honesta e direta possível. Acredito em Deus com a mesma evidência que acredito no amor: ambos são forças invisíveis com efeitos visíveis. Às vezes, esses efeitos são nobres, redentores, acolhedores, emocionantes e empolgantes; às vezes, quando o amor dá errado e se volta para a autoestima, ou o ciúme, ou finalmente para o ódio, então produz corrupção e desordem.

Em minha própria vida, sempre que estou aquém das expectativas, acabo magoando alguém ou faço o que não deveria ter feito, costumo fazê-lo por causa do pecado do orgulho, que é quando o amor se torna autoestima e meu olhar, que é amplamente direcionado para o exterior, para os outros, volta-se para dentro, para mim, concentrando-se não no que devo fazer, mas nos anseios e desejos do meu coração.

Uma maneira de consertar as coisas novamente é retornar ao Calvário, e ao Senhor da história e do amor que morreu ali. Sua história — de ressurreição em meio à morte e de amor em meio ao ódio — dá esperança aos medrosos, redenção aos caídos e ordem ao caos. E não pode haver história mais impressionante do que essa.

É uma história sobre reversão. Não se trata de negar as realidades da vida, nem de escapar para uma terra de faz de contas. Trata-se, antes, de reconhecer a inevitabilidade da crise e de afirmar a esperança da renovação. Trata-se de perseverar na confiança de que a verdade de Jesus Cristo molda e impregna a vida na terra e além.

O literalismo é para os fracos; o fundamentalismo é para os inseguros. Ambos também são pecados contra Deus, pois acreditar que estamos de posse exclusiva da verdade sobre as coisas *além* do tempo e do espaço e, assim, temos o poder de moldar vidas e decisões sobre as coisas *no* tempo e *no* espaço, é nos colocarmos no lugar de Deus. Mas aprendemos que ninguém vasculhou a mente do Senhor ou foi seu conselheiro.

Estamos tão envoltos no mistério como seres humanos como estava o primeiro punho humano levantado em angústia em direção aos céus, fazendo as perguntas fundamentais: *por quê?* Por que os inocentes sofrem e os inocentes morrem? Por que alguns são ricos e outros, pobres? Por que alguns encontram o amor, enquanto outros buscam sem sucesso e inutilmente, procurando uma felicidade que parece sempre fora de alcance? Por que alguns corações estão plenos e outros, perpetuamente partidos?

Nós não sabemos. O mundo é um lugar trágico: ele nunca responderá totalmente aos nossos desejos.

Às vezes, as coisas à nossa frente, incluindo a cruz, são as que menos percebemos. Não fazemos genuflexão para imagens de uma tumba vazia ou de uma mortalha descartada. Nós nos associamos, antes, a uma representação de um lugar de sofrimento e suor, de sangue e de morte. A tragédia está sempre diante de nós. Da cruz, Jesus fez a mesma pergunta que fazemos em horas sombrias e de desespero: *Meu Deus, meu Deus! Por que me abandonaste?* Deus conhece a tristeza. Ele experimentou a dor de seu povo. Ele se perguntou o *porquê*.

Então a vontade de seu Pai foi feita, e das trevas veio a luz, e a morte foi vencida. Essa é a nossa história, a nossa fé, o nosso consolo.

E assim observamos e esperamos, reverenciando a cruz, cuidando da viúva e do órfão, e nos apegando à crença de que algum dia, de algum modo, todas as coisas serão renovadas. Pois essa esperança é tudo o que temos para nos agarrar, ainda que com tenacidade, nas horas em que também nos sentimos abandonados e longe dos cuidados do Pai.

A QUINTA FRASE

Mais tarde, sabendo Jesus que tudo já estava concluído, para que a Escritura se cumprisse, disse:

Tenho sede!

Próximo havia um cântaro cheio de vinagre, o colocaram na ponta de uma vara de hissopo, e a ergueram até à boca de Jesus.

— João 19:28—29

O MOMENTO EM QUE JESUS DIZ "TENHO SEDE" e recebe uma esponja embebida em vinho avinagrado em um hissopo é mais complexo e mais convincente do que poderia parecer à primeira vista. No Livro do Êxodo, o hissopo[1] era usado para espalhar o sangue do cordeiro pascal nas portas dos judeus para garantir a proteção de Deus.

Agora, há um novo Cordeiro de Deus. Como Raymond E. Brown apontou, João usa a imagem do hissopo — uma planta com a folhagem desabrochando —, mesmo que seja difícil imaginar como essa planta poderia "suportar o peso de uma esponja encharcada"[2]. Aqui está um momento na narrativa da cruz no qual, em vez de relatar eventos, o evangelista busca uma explanação maior. João abriu seu Evangelho com João Batista clamando: "Eis o Cordeiro de Deus!"[3] No final da odisseia terrestre, esse Cordeiro está simbolicamente ligado ao drama da Páscoa.

Pessoalmente, leio "tenho sede" como uma alegoria da urgência e da eficácia da Santa Eucaristia. Quando o povo de Deus tem sede, nós nos voltamos para o altar e para as palavras que Jesus usou na Última Ceia, criando um ato de lembrança. Como Paulo descreveu na sua Primeira Carta aos Coríntios:

> Pois eu recebi do Senhor o que também vos entreguei: que o Senhor Jesus, na noite em que foi traído, tomou o pão e, logo após haver dado graças, o partiu e disse: "Isto é o meu corpo que é dado por vós. Fazei isto em memória de mim. Do mesmo modo, depois de comer, Ele tomou o cálice e declarou: 'Este cálice é a nova aliança no meu sangue. Fazei isto todas as vezes que o beberdes, em memória de mim.' Portanto, todas as vezes que comerdes deste pão e beberdes deste cálice, proclamais a morte do Senhor, até que Ele venha."[4]

Para os cristãos sacramentais — e eu sou um deles —, a missa é o cerne da fé, pois é sua própria razão de existir. Devotados ou distraídos, extáticos ou sombrios, somos instruídos a obedecer ao mandamento de "fazei isto em memória de mim" e, ao fazê-lo, estamos misteriosa, mas inconfundivelmente, em comunhão com Deus Pai por meio do sacrifício do Deus Filho e da ação do Espírito Santo. Não importa como nos sentimos, não importa que tipo de dia ou semana tivemos, nossa sede é satisfeita, e a ordem é restaurada em um mundo bagunçado, mesmo que apenas por um momento.

Em uma carta de 1955, Flannery O'Connor descreveu o jantar com alguns intelectuais de Nova York na casa de Mary McCarthy. A noite seguia, e a conversa se voltou para a Eucaristia. Mary McCarthy, católica romana não praticante, disse que "quando era criança e tomou o Sacramento, ela o interpretou como o Espírito Santo, Ele sendo a pessoa 'mais reconhecível' da Trindade; agora ela o imaginava como um símbolo, e um muito bom por sinal". Católica praticante, O'Connor relatou sua resposta a McCarthy: "Então eu disse, com uma voz muito trêmula: 'Bem, se é um símbolo, que vá para o inferno.' Essa era toda a defesa que eu era capaz de dar, mas agora percebo que isso é tudo que poderei dizer sobre isso, fora de um contexto, exceto que é o centro da existência para mim; o resto na vida é dispensável."[5]

É obsoleto concentrar-se demais no pecado e nas deficiências da teologia dominante; quando a Igreja Episcopal reformou seu *Livro de Oração Comum*, na década de 1970, ele continha uma frase-chave da *Confissão Geral do Pecado*, que reconhecia que "não há saúde em nós". Mas John Henry Newman escreveu um tipo muito diferente de oração de forma humilde, e acho que aprendemos mais com as palavras de um morto vitoriano do que com a Confissão revisada de nosso tempo. Antes da Santa Comunhão, Newman orava: "Vês não apenas as manchas e cicatrizes dos pecados passados, mas as mutilações, as cavidades profundas, os distúrbios crônicos que eles deixaram em minha alma. Vês os inumeráveis pecados vivos [...] vivendo em seu poder e presença, sua culpa e suas sanções, que me vestem. No entanto, tu vens. Vês da maneira mais perfeita, mas vens."[6]

Por meio da missa, ele vem por todas as direções, a todos os tipos e condições de homens. Em seu livro *The Shape of the Liturgy* [A Forma da Liturgia, em tradução livre], o monge anglicano Gregory Dix escreveu um poema em prosa para a missa. Vale a pena lê-lo em sua totalidade. Sobre o mandamento "Fazei isto em memória de mim", Dix observou:

> Algum outro mandamento foi tão obedecido? Século após século, espalhando-se lentamente por todos os continentes e países e entre todas as raças da Terra, essa ação foi realizada, em todas as circunstâncias humanas concebíveis, para todas as necessidades humanas concebíveis desde a infância e antes dela até a velhice e depois dela, desde os pináculos da grandeza terrena para o refúgio de fugitivos nas cavernas e covas da terra. Os homens não encontraram nada melhor do que isso para os reis em sua coroação e para os criminosos que vão para o cadafalso; por exércitos

em triunfo ou por uma noiva e um noivo em uma pequena igreja no campo; pela proclamação de um dogma ou por uma boa colheita de trigo; pela sabedoria do Parlamento de uma nação poderosa ou por uma velha doente e com medo de morrer; para um estudante que está fazendo um exame ou para Colombo se preparando para descobrir a América; pela fome de províncias inteiras ou pela alma de um amante morto; em agradecimento porque meu pai não morreu de pneumonia [...] porque o Turco estava nos portões de Viena; pelo arrependimento de Margaret; pela resolução de uma greve; por um filho para uma mulher estéril; pelo capitão tão ferido e prisioneiro de guerra; enquanto os leões rugiam no anfiteatro próximo; na praia em Dunkirk [...] tremulamente, por um velho monge no 50º aniversário de seus votos; furtivamente, por um bispo exilado que cortara madeira o dia inteiro em um campo de prisioneiros perto de Murmansk; maravilhosamente, pela canonização de Santa Joana D'Arc — poderíamos encher centenas de páginas com as razões pelas quais os homens fizeram isso, e não contar a centésima parte delas. E o melhor de tudo, semana a semana e mês a mês, em cem mil sucessivos domingos, fiel e infalivelmente, em todas as paróquias da cristandade, os pastores fizeram isso apenas para alcançar a *plebs sancta Dei* — o santo povo de Deus.[7]

Em uma carta para uma afilhada, por ocasião de sua Confirmação, C. S. Lewis expôs um entendimento prático do poder do Sacramento:

Não espere (quero dizer, não *conte com* e não *exija*) que quando você for confirmada ou quando fizer sua primeira Comunhão, terá todos os *sentimentos* que gostaria de ter. Você pode, é claro, mas também pode não ter. Mas não se preocupe caso não consiga. Eles não são o que importa. As coisas que estão acontecendo com você são bastante reais, independentemente de você se sentir como desejava ou não, assim como uma refeição fará bem a uma pessoa faminta, mesmo que ela esteja resfriada, e o sabor não seja tão bom. Nosso Senhor nos dará sentimentos justos, se assim Ele desejar — e então devemos agradecer. Se não, devemos dizer a nós mesmos (e a Ele) que Ele nos conhece melhor. Por muitos anos, depois de me tornar um comungante regular, não consigo contabilizar quantas vezes meus sentimentos eram bobos e como minha atenção era dispersa nos momentos mais importantes. Somente nos últimos anos que as coisas começaram a dar certo — o que mostra o quão importante é continuar fazendo o que lhe é dito.[8]

Jesus teve sede e recebeu um pouco de vinho avinagrado. Temos sede, e tudo nos é dado. Ele sofreu para que pudéssemos ser salvos. Ele morreu para que pudéssemos viver.

A SEXTA
FRASE

Então, assim que experimentou o vinagre,
exclamou Jesus:

Está consumado!

E, inclinando a cabeça, entregou seu espírito.

— JOÃO 19:30

O QUE, EXATAMENTE, FOI CONSUMADO ou alcançado? Os que estavam presentes na hora da morte de Cristo acreditavam em uma coisa; os cristãos de agora acreditam em outra.

Muitas coisas das escrituras e da teologia são contraditórias, complexas, confusas. Os caminhos do Todo-Poderoso são inescrutáveis, frustrantes e até enlouquecedores. Sempre foi assim. No Livro de Jó, o autor escreve:

Poderás descobrir as profundezas de Deus? Poderá desvendar a perfeição do Todo-Poderoso?

A sabedoria de Deus é mais alta que os céus. Que poderás fazer? Ela é mais profunda que o Sheol, as profundezas da morte, da sepultura e do pó que volta à terra.

Ela é mais extensa que a terra, e mais larga que o mar.[1]

Paulo nos diz que "a paz de Deus [...] ultrapassa todo entendimento."[2] Dizem que o teólogo William Porcher DuBose certa vez foi questionado sobre o que ele entendeu sobre o Livro do Apocalipse. "Eu não tenho ideia", ele teria dito em resposta.

Mas nós devemos tentar. A palavra que Jesus usa para "consumado" é o pretérito perfeito da palavra grega *tetelestai*[3], que significa terminado, completado ou realizado. A missão esperada do messias era criar um reino que restaurasse Israel e cumprisse as escrituras, como a imagem final da passagem de Daniel de um dia de julgamento e acerto de contas nos leva a entender:

> *Multidões e multidões que dormem no pó da terra acordarão: uns para a vida eterna, outros para a vergonha, humilhação e para o desprezo eterno.*
>
> *Os que têm o entendimento e são sábios resplandecerão com o fulgor do firmamento; e todos quantos se dedicam a conduzir muitas pessoas à verdade e à prática da justiça, serão como as estrelas: brilharão para sempre, por toda eternidade.*[4]

No entanto, Jesus definiu seu próprio trabalho como messias de modo diferente. Em Mateus, ele disse: "Assim como o Filho do homem, que não veio para ser servido, mas para servir e dar a sua vida como único resgate por muitos."[5] E Paulo, em Romanos, foi ainda mais direto, escrevendo: "Entretanto, nesses últimos tempos, se manifestou uma justiça proveniente de Deus [...] por intermédio da fé em Jesus Cristo para todas as pessoas que creem. Porquanto não há distinção; porque todos pecaram e destituídos estão da glória de Deus, sendo justificados gratuitamente por sua graça, mediante a redenção que há em Cristo Jesus. Deus o ofereceu como sacrifício para propiciação por meio da fé, pelo seu sangue, proclamando a evidência da sua justiça."[6]

Conforme as crenças avançavam nos séculos seguintes, os crentes professavam que Jesus voltaria do céu "para julgar os vivos e os mortos". Há, então, mais a ser feito. *Nem tudo* está consumado, e isso nos leva aos temas da salvação e da condenação.

No cristianismo primitivo, a compreensão da vida após a morte era, como tantas outras coisas na fé nascente, a combinação dos pensamentos e dos costumes judeus e pagãos. De acordo com a nova visão, aqueles que acreditavam em Jesus deveriam ser salvos, o que não significava uma eternidade gloriosa em uma região etérea. Em vez disso, significava um processo em duas etapas. Primeiro, quando um crente morre, seu corpo é deixado para trás e sua alma vai para um lugar de descanso, em preparação para a segunda fase: uma ressurreição corporal em "um novo céu e uma nova terra" — não simplesmente no paraíso. "O céu, na Bíblia, não é um destino futuro, mas a outra dimensão oculta de nossa vida cotidiana — a dimensão de Deus, se você preferir", observou o estudioso e bispo anglicano N. T. Wright. "Deus criou o céu e a terra; por fim, ele refaz os dois e os une para sempre."[7] Mesmo nas imagens derradeiras dos capítulos XXI e XXII do Livro do Apocalipse, Wright observa:

"Não encontramos almas salvas a caminho de um céu incorpóreo, mas sim a nova Jerusalém descendendo do céu à terra, unindo os dois em um abraço duradouro."[8]

Segundo esse ponto de vista, o alívio da evidente dor e da injustiça do mundo é o trabalho contínuo que Jesus começou e que nós devemos continuar. A Terra não é um lugar temporário que desaparecerá no fim. Antes, ela se fundirá com o céu, que significa "o espaço de Deus". Portanto, não é necessário querer um ingresso para entrar na ordem existente no reino etéreo, nem se precisa de algo do tipo. Em vez disso, deve-se trabalhar arduamente para tornar o mundo piedoso e justo. "É claro que existem pessoas que pensam no 'céu' como uma espécie de sonho de vida após a morte para tornar a ideia de morrer mais suportável", escreveu Wright. "Sem dúvida, esse é um problema tão antigo quanto a raça humana. Mas na Bíblia, 'céu' não é 'o lugar para onde as pessoas vão quando morrem.' Na Bíblia, céu é o espaço de Deus, enquanto a Terra (ou, se você preferir, 'o cosmos', ou 'criação') é o nosso espaço. E a Bíblia deixa claro que os dois se sobrepõem e se entrelaçam."[9]

O que levanta uma questão interessante: se o céu é o "espaço de Deus", o que é o inferno? Tradicionalmente, a chave para a salvação é o reconhecimento de Jesus como o Filho de Deus, que, nas palavras do antigo credo, "por nós e por nossa salvação desceu do céu [...] e foi feito homem." No etos evangélico, por exemplo, alguém aceita isso e vai para o céu, ou nega e vai para o inferno.

Em uma perspectiva tradicionalista, excluir a existência do inferno é deixar a igreja sem a sua sanção mais poderosa. Do apóstolo Paulo a João Paulo II, de Agostinho a Calvino, os cristãos debateram a expiação e o julgamento por quase 2 mil anos. No início do século XX, Harry Emerson Fosdick, um dos representantes do liberalismo teológico, argumentou contra a inerrância bíblica e a existência do inferno. Era tempo, diziam os progressistas, de a fé renunciar a suas reivindicações sobrenaturais. O inferno era uma afronta aos costumes modernos, mas a afirmação liberal de uma teologia mais "maleável" produziu uma enorme reação conservadora, que persiste até hoje.

A tradição liberal mais abrangente sustenta que Jesus, o Filho de Deus, foi um sacrifício expiatório pelos pecados da humanidade, e a perspectiva de um lugar de tormento eterno é inconciliável com o Deus do amor. A crença em Jesus deveria levar os seres humanos a trabalharem pelo bem deste mundo. O que vem depois precisa esperar.

Também é verdade, no entanto, que a tradição cristã, desde a primeira igreja, insistiu que a história *é* trágica para aqueles que não acreditam em Jesus; que o inferno é, para eles, para sempre; e esse amor, no final, envolverá aqueles que professam Jesus como Senhor, e eles — e somente eles — serão reconciliados com Deus. Tais visões não podem ser descartadas, porque são inconvenientes ou desconfortáveis.

Jesus de fato falou sobre um inferno para os "condenados"[10]. Jesus disse, em Mateus: "Apartai-vos de mim. Ide para o fogo eterno, preparado para o Diabo e os seus anjos."[11] Em Marcos, ele fala sobre "o fogo que arde",[12] e o Livro do Apocalipse pinta uma imagem vívida — em um texto visionário que o autor diz ter composto quando estava "no dia do Senhor [...] exaltado no Espírito",[13] um sinal de que, novamente, essa não é uma notícia do Jornal das 20h — sobre um lago de fogo[14] e da expulsão dos condenados da presença de Deus para um lugar onde "serão atormentados dia e noite pelos séculos dos séculos"[15].

E, no entanto, há uma tendência bíblica contrária que sugere que, como Jesus disse, os portões do inferno[16] no final não prevalecerão (o problema de argumentar a partir dos textos bíblicos, é claro, é que os livros se contradizem. Confrontar verso a verso é como lutar em uma guerrilha que nunca termina). E há referências à redenção universal da criação, uma redenção que inclui aqueles que não atendam aos requisitos "padrão" da confissão da crença em Jesus. Em Mateus, Jesus fala sobre a "regeneração de todas as coisas"[17]; em Atos, Pedro diz que Deus "restaurará todas as coisas"[18]; em Romanos, Paulo proclama que "todo o Israel será salvo"[19]; em Colossenses, o autor escreve que "foi do agrado de Deus que [...] reconciliasse consigo todas as coisas, tanto as que estão na terra quanto as que estão nos céus."[20]

Então, qual é o certo? Céu para os cristãos que dizem ser cristãos e o inferno para todos os outros? E os bebês ou pessoas que morreram sem nunca ter ouvido o evangelho? Quem sabe? Nós, com certeza, não.

Portanto, devemos agir com base no conhecimento que possuímos, e sabemos que nos foi dito para amar a Deus totalmente e amar uns ao outros como a nós mesmos — como Jesus, citando Levítico, ensina que são os maiores mandamentos. Na Páscoa, nas igrejas cristãs, grandes e pequenas, muitos ouvem as palavras do 15º capítulo da Primeira Carta de Paulo aos Coríntios. Elas falam de ressurreição — primeiro, a de Jesus, depois, a grande ressurreição que está a caminho. A mensagem final dessa poderosa passagem, no entanto, não são a felicidade e a paz eternas, mas trabalho, intento, ações: "Dedicai-vos, dia após dia, à obra do Senhor", escreveu Paulo, "todo o vosso trabalho jamais será improdutivo."[21] Em uma visão de recompensa suprema, um lembrete do que é essencial: realizar o trabalho que está sempre à mão, trabalho que só pode ser realmente consumado quando o Senhor vier, independentemente de quando isso acontecer e do que isso significar.

A SÉTIMA FRASE

Então, Jesus bradou com voz forte:

Pai! Em tuas mãos entrego o meu espírito.

— LUCAS 23:46

A HISTÓRIA, PELO QUE PARECE, CHEGARA AO FIM. Com uma frase final, confiando sua alma ao Senhor, ele se rendeu à dor e à mortalidade, e morreu. Do mesmo modo que Jesus entregou seu espírito a Deus, entregando tudo de acordo com a vontade do Pai, em muitos aspectos os cristãos são chamados a se entregarem à fé apostólica, que emergiu da dor e da crise das primeiras décadas e séculos depois de Jesus. Tal ato de entrega não é passivo; na verdade, é a coisa mais ativa e importante que podemos fazer, pois, ao concordar com a verdade da história cristã, estamos nos comprometendo de mente e coração com um hábito que busca o amor e a ordem, em vez do egoísmo e da desordem. O filósofo William James disse bem: "Nós e Deus temos negócios um com o outro; e, ao nos abrirmos à influência d'Ele, nosso destino mais profundo é cumprido."[1]

Para os seguidores de Jesus, a forma e a profundidade desse destino não eram claros na sequência de suas palavras finais da cruz. Tudo era tristeza e caos. O reino esperado, com a derrota dos poderes do mundo e a vitória de Deus, não viria. Jesus, ao que parecia, estava falando sobre um tipo diferente de reino, em que o último seria o primeiro, os dignos herdariam a Terra, e sua morte geraria vida.

"Eis que eu vos declaro um mistério", escreveu Paulo, "nem todos adormeceremos, mas, certamente, todos seremos transformados, em um momento, em um abrir e fechar de olhos, ao som da última trombeta."[2]

Certamente, é um mistério. Jesus se entregou ao Pai; nós somos convidados a nos entregarmos a Jesus. Sim, tudo requer, na frase de Samuel Taylor Coleridge, uma suspensão voluntária da descrença[3], mas, quando chegamos a esse ponto, o que não é misterioso? O mais cético dos cientistas não pode explicar o mistério da criação e, ainda assim, aqui estamos nós. O mais religioso dos teólogos nunca explicará completamente o mistério da salvação e, ainda assim, aqui estamos nós.

Na Sexta-feira Santa, com o Senhor morto, havia apenas trevas. Do outro lado da cruz, porém, há luz e a duradoura verdade de que o reino, que não terá fim, chegará um dia.

Devemos fazer as pazes com o mistério, ou podemos ficar loucos. Para mim, a fé é complicada, desafiadora e, às vezes, confusa. Não é mágica, mas misteriosa. Magia significa que há um feitiço, uma fórmula para fazer milagres. Mistério significa que não há feitiço nem fórmula — apenas sombra, impenetrabilidade e esperança de que, em uma frase que T. S. Eliot pegou emprestado de Juliana de Norwich, todos ficarão bem, e todas as coisas darão certo.[4]

Nesse meio-tempo — e é aí que se vive a maior parte da vida —, independentemente se você adora a Deus, o Pai da Santíssima Trindade, o Deus de Abraão do judaísmo, o Senhor que falou com o Profeta na caverna nas horas da fundação do Islã, ou algum outro deus, conhecido apenas por alguns, ou mesmo só por você, todos buscamos os caminhos da graça e a esperança da glória.

EPÍLOGO

Até o Fim dos Tempos

Por que a Cruz, de todas as mortes?
— Atanásio, Bispo de Alexandria
do Séc. IV

MAIS TARDE, QUANDO TENTOU colocar tudo no papel[1], Blaise Pascal escreveu rapidamente, capturando os lampejos do que ele pensava ter visto em uma visão — que, por padrões empíricos, só poderia ser chamada de fantástica. Entretanto, não havia dúvida na mente de Pascal de que aquilo havia acontecido, e aconteceu no tempo e no espaço, da maneira que seu cérebro matematicamente treinado concebia o "acontecer" das coisas. Pascal lembrava a hora exata — entre as 22h e 24h da quinta-feira de 23 de novembro de 1654, o dia do festejo, no calendário Cristão, de São Clemente, Papa e mártir. Jesus apareceu a Pascal; Deus era real; a história cristã era verdadeira: "Certeza, real, sincera, alegre, paz. Deus de Jesus Cristo. Deus de Jesus Cristo. *Meu Deus e seu Deus.* [...] Alegria, alegria, alegria, lágrimas de alegria." Em uma coleção de escritos encontrados após a sua morte, publicada como *Pensées* [Pensamentos], Pascal mesclou suas duas paixões, matemática e fé, para mostrar o que ficou conhecido como a aposta de Pascal: é mais inteligente apostar que Deus existe, e acreditar nele, porque, se ele for real, você ganha tudo; se ele não for, você não perde nada. Então, por que não dar o salto de fé?

Porque, dizem os céticos, a crença religiosa é irracional, e os fiéis estão vivendo em um mundo de conto de fadas. E outras tradições religiosas têm suas próprias cosmologias, então quem pode dizer o que é verdade e o que não é? No entanto, tanto o ateísmo quanto as divergentes visões teológicas de mundo são esperadas na multiplicidade da humanidade; o declínio da afiliação a instituições religiosas tradicionais nos Estados Unidos é uma das grandes realidades do século XXI, e é uma tendência que, suspeito, só crescerá.

Tal desenvolvimento não é surpreendente; como diz o Livro de Eclesiastes, não há nada de novo sob o sol. A noção de *atheos* (*a-* significa sem; *theos* significa deus, ou deuses) pode ser encontrada na antiguidade; Platão fala sobre a descrença.[2] No século XVI, quando a era moderna tomou forma, a revelação de Copérnico de que a Terra não era o centro do universo inaugurou uma era de crescente ceticismo sobre sistemas de crença como o cristianismo. No século XVIII, os pensadores do Iluminismo celebraram (prematuramente) a derrota do que Thomas Jefferson chamou de "ignorância e superstição dos monges".[3] No século XIX, Charles Darwin publicou *A Origem das Espécies,* e a dúvida estava tão difundida que Matthew Arnold acreditava que o "Mar da Fé" estava em retirada, deixando apenas "uma planície escura [...] onde exércitos ignorantes guerreavam à noite"[4].

A maré mal havia chegado, e Nietzsche declarou que Deus estava morto.

Existem muitos níveis de discussão entre crentes e ateus. Aqui estão apenas alguns. Há o argumento dos livros sagrados: deve existir um Deus, dizem os religiosos, pois a Bíblia (ou o Alcorão, ou qualquer outro texto sagrado) diz isso. Essa é a afirmação literalista e depende de uma leitura acrítica das escrituras, que alguns crentes dizem que foram escritas (ou ditadas) por Deus. Há o argumento do senso moral: deve existir um Deus, dizem os religiosos, porque os seres humanos têm uma compreensão inata do certo e do errado, uma compreensão que Deus plantou em todo coração humano. Há o argumento do desígnio: deve existir um Deus, dizem os religiosos, pois o mundo é tão complexo e organizado que deve haver uma inteligência orientadora no centro de tudo.

Estou simplificando demais, mas nada disso é uma prova particularmente forte da existência de uma divindade. As escrituras são produto de mãos e corações humanos, e foram traduzidas e copiadas ao longo de gerações e gerações; os estudos mostram claramente que os textos apresentam problemas históricos e literários, o que exclui a possibilidade de serem livros perfeitos. No que diz respeito à moral, é possível que a empatia tenha se desenvolvido na evolução como uma característica desejável na formação de comunidades que tinham uma chance maior de prosperar no processo de seleção natural. Sobre a questão do desígnio, não há evidências, fora da Bíblia, para apoiar a proposição de que um criador esteve presente, embora ninguém saiba como as coisas começaram no primeiro momento. (Big bang, sim — mas de onde vieram as coisas que explodiram?)

Existem contra-argumentos religiosos a esses contra-argumentos, é claro: o debate continua, um verdadeiro mundo sem fim. Com a exceção de explicar a origem da lei da física e da matéria que criou o universo há 14 bilhões de anos, os ateus podem facilmente zombar dos religiosos por acreditarem em histórias fantasiosas de salvadores em ascensão, mares se abrindo e arbustos em chamas. Com poucos problemas, os ateus podem colocar questões devastadoras: se Deus é maravilhoso, por que alguns bebês têm câncer? Por que os inocentes sofrem? Por que os religiosos matam em nome de Deus, quando seu Deus deveria ser o amor encarnado? Por que Deus parou de realizar milagres em larga escala depois que o Novo Testamento foi escrito?

Todas são excelentes perguntas. Os crentes respondem que Deus nos criou com livre-arbítrio, pois o amor coagido não é amor, apenas tirania, e Deus queria que escolhêssemos amá-lo ou não, obedecer-lhe ou não. O mal na concepção humana existe porque fazemos escolhas repreensíveis e, como Paulo disse, ficamos aquém da glória de Deus. O mal da natureza ou da doença é um mistério; Deus não nos disse tudo e tem seus próprios propósitos além do nosso entendimento. Se soubéssemos tudo, seríamos Deus, não homens.

Essas respostas são boas até onde alcançam — mas ainda assim crianças morrem, as coisas dão errado e os corações se partem, de modo que as respostas não vão muito longe. Certamente, não posso descartar os desafios à crença cristã, nem defender totalmente a existência de Deus. O que posso fazer é juntar-me a um vasto coro de vozes que veem a religião como intrínseca e procuram se estabelecer no etos de uma fé que sugere uma ordem e uma direção em meio às confusões da vida.

Deus é real? Parece seguro dizer, pelo menos, isso: Ele é real na medida em que é uma força que influencia os seres humanos que acreditam em sua existência. Em suas palestras Gifford, em Edimburgo, em 1901–1902, William James citou um colega sobre a questão: "A verdade da questão pode ser colocada desta maneira: *Deus não é conhecido, Ele não é compreendido, Ele é usado* — algumas vezes como fornecedor, outras como apoio moral, outras como amigo, outras como objeto de amor. Se Ele se provar útil, a consciência religiosa não pede mais que isso. Deus existe mesmo? Como Ele existe? O que Ele é? Há tantas perguntas irrelevantes. Não Deus, mas a vida, mais vida, uma vida maior, mais rica e mais satisfatória, é, em última análise, o fim da religião."[5] E a religião não é para os fracos de coração; é um negócio difícil, bem difícil. É mais corajoso esperar do que temer, mais cansativo ser altruísta do que egoísta, mais humilhante afirmar que há mais no universo do que os olhos podem ver ou os ouvidos podem ouvir.

E, no entanto, ouvimos as últimas palavras de Jesus da cruz. Esse era o nosso propósito — uma tarefa devocional e reconhecidamente discursiva na tradição da igreja cristã. Vamos terminar com algumas palavras de fé inabalável. "Por que a Cruz, de todas as mortes?"[6] Atanásio, um bispo de Alexandria do século IV, questionou. Porque, ele disse, "se a morte do Senhor é o resgate de todos, e por Sua morte o muro da divisão é derrubado, e o chamado das nações é realizado, como Ele poderia ter nos chamado para ficar ao lado d'Ele, se Ele não tivesse sido crucificado? Pois é somente na cruz que um homem morre com as mãos estendidas. Daí, foi apropriado que o Senhor fizesse isso também e estendesse as mãos, para que com uma pudesse atrair o povo antigo, e com a outra, os gentios, e unisse ambos em si mesmo". O mal foi derrotado, Deus foi vitorioso — tudo por causa da cruz.

Então, o que podemos fazer agora, à medida que a história segue seu curso? Deveríamos tentar avançar com fé e com razão, sabendo que não podemos responder à pergunta provocadora de Jó sobre Deus: "Onde estavas tu, quando eu lançava os alicerces da terra?"[7] Antes do final de todas as coisas, nunca descobriremos as contradições evidentes na história de Deus e na vida e Paixão de Jesus. As criaturas de Deus podem muito bem ser, nas palavras de um grande hino, "resgatadas, curadas, restauradas e perdoadas"[8] pelo sangue de Jesus, mas a criação de Deus continua sendo um lugar de perplexidade. Jesus, como muitas vezes nos ensinam, é a resposta, mas se você é como eu, certamente desejaria que não houvesse tantas perguntas.

O que sabemos, então, com certeza? Que devemos amar uns aos outros como gostaríamos de ser amados, cuidar minimamente uns dos outros, manter o banquete em memória do sacrifício de Nosso Senhor e permanecer abertos, sempre abertos, à misteriosa graça de Deus. No entanto, é muito fácil dizer ou pregar essas coisas, e difícil, muito difícil, fazê-las.

Não importa onde alguém esteja em termos de fé, Jesus (seja Deus, homem ou ambos) talvez tenha sido a figura mais importante que já respirou. Ele nos encantará até o fim dos tempos — e, se os crentes estiverem certos, muito além do que William Faulkner chamou de "a última noite vermelha e agonizante"[9]. No Evangelho de Mateus, Jesus ressuscitado disse: "E assim, Eu estarei permanentemente convosco, até o fim dos tempos."[10] Essa promessa, finalmente, é uma resposta à pergunta de Pilatos sobre a verdade? Sabemos disso: na sombra da cruz, a esperança — não a certeza e, certamente, não o medo — é a verdade que perdura apesar de toda a dor, de todo o desgosto e de todas as lágrimas. "Neste mundo sofrereis tribulações", disse Jesus, "mas tende fé e coragem! Eu venci o mundo."[11] É o que rezamos, agora e sempre.

NOTAS

EPÍGRAFE

p. ix   "Agora, pois, vemos apenas um reflexo", 1 Coríntios 13:12, KJA.

p. ix   É muto melhor, Robert Louis Wilken, *The Spirit of Early Christian Thought: Seeking the Face of God* (New Haven, Conn., 2003), 14.

PRÓLOGO

p. 3   "Nós, porém, pregamos", 1 Coríntios 1:23–27, KJA.

p. 3   "Neste mundo", João 16:33, KJA.

1   "Logo tu és rei?", João 18:37, NAA. Minha compreensão da Paixão deve-se muito a Paula Fredriksen, *Jesus of Nazareth, King of the Jews: A Jewish Life and the Emergence of Christianity* (Nova York, 1999), e *When Christians Were Jews: The First Generation* (New Haven, Conn., 2018).

2   "Que é a verdade?" João 18:38, NAA.

3   "Todos os homens precisam da ajuda dos deuses", Homero, *A Odisseia*, trad. Robert Fagles (Nova York, 1996), 109.

4   "Deuses", escreveu o teólogo protestante Paul Tillich, Paul Tillich, *Teologia Sistemática*, vol. 1 (Chicago, 1973), 212.

5   este livro é uma série de reflexões, Sou grato a vários trabalhos pelos argumentos que estou apresentando. Ver, em particular, São Roberto Belarmino, *As Sete Palavras de Cristo na Cruz* (Providence, R.I., 2016); Raymond E. Brown, *A Crucified Christ in Holy Week: Essays on the Four Gospel Passion Narratives* (Collegeville, Minn., 1986); Brown, *A Morte do Messias: Comentário das Narrativas da Paixão nos Quatro Evangelhos*, 2 vols. (Nova York, 1994); Brown, *An Introduction to the Gospel of John*, ed. Francis J. Moloney (Nova York, 2003); Brown, *Introdução ao Novo Testamento* (Nova York, 1997); Christopher Bryan, *The Resurrection of the Messiah* (Nova York, 2011); Craig A. Evans e N. T. Wright, *Os Últimos dias de Jesus: O que de fato aconteceu*, ed. Troy A. Miller (Louisville, Ky.,

2009); Fredriksen, *Jesus of Nazareth* e *When Christians Were Jews*; Richard John Neuhaus, *Death on a Friday Afternoon: Meditations on the Last Words of Jesus from the Cross* (Nova York, 2000); Robert Louis Wilken, *The Christians as the Romans Saw Them* (New Haven, Conn., 1984); Wilken, *Spirit of Early Christian Thought*; N. T. Wright, *O Dia Em Que a Revolução Começou: Reinterpretando a Crucificação de Jesus* (São Francisco, 2016); Wright, *Simplesmente Cristão: Por que o Cristianismo Faz Sentido* (Nova York, 2006); Wright, *Christian Origins and the Question of God*, vol. 3, *The Resurrection of the Son of God* (Minneapolis, 2003); entre outros.

6 "Não me causa dano", Thomas Jefferson, *Notes on the State of Virginia*, ed. William Peden (Chapel Hill, 1955), 159.

7 "A experiência nos diz", Amanda Porterfield, *Conceived in Doubt: Religion and Politics in the New American Nation* (Chicago, 2012), 152.

8 "Não podemos observar", Wilken, *Christians as the Romans Saw Them*, 163.

9 "Eu sei que", Jó 19:25, KJA.

10 "O Cristo, o Filho do Deus vivo", Mateus 16:16, KJA.

11 "novo céu e nova terra", Apocalipse 21:1, KJA.

12 "Jesus significa algo", Albert Schweitzer, *A Busca do Jesus Histórico*, trad. W. Montgomery (1910; repr., Mineola, N.Y., 2005), 397.

13 "O fato estranho", A. N. Wilson, *Jesus: A Life* (Nova York, 1992), 4.

14 A missão de Jesus, como definiu paulo, Ver Wright, *O Dia Em Que a Revolução Começou*, 73–142.

15 "Eis que farei", Gênesis 12:2–3, KJA.

16 "O que primeiramente vos transmiti", 1 Coríntios 15:3–5, NAA.

17 "Porque Deus amou", João 3:16, KJA.

18 "O escudo da fé", Efésios 6:16, NAA.

19 "não facilitou" Abraham Joshua Heschel, *Moral Grandeur and Spiritual Audacity: Essays*, ed. Susannah Heschel (Nova York, 1996), 300.

20 "Podes revelar-nos", Atos 17:19–32, NAA.

21 "Há mais coisas", William Shakespeare, *Hamlet, Príncipe da Dinamarca*, http://shakespeare.mit.edu/hamlet/full.html.

22 "Último passo da razão", Blaise Pascal, *Pensées*, trad. A. J. Krailsheimer (Nova York, 1995), 56.

23 "Pois nosso conhecimento é incompleto", 1 Coríntios 13:9, NAA.

24 "principados e autoridades", Efésios 3:10, KJA.

25 CONDENADO POR SEDIÇÃO, Pelos pontos dessa seção, sou particularmente grato a Paula Fredriksen e N. T. Wright — por seus livros e conselhos generosos ao longo dos anos.

26 "O DESERTO E A TERRA RESSEQUIDA", Isaías 35:1–10, NAA.

27 "COMO SÃO MARAVILHOSOS", Isaías 52:7–10, NAA.

28 "CANTAI AO SENHOR", Salmos 98:1–9, KJA.

29 "ESSA NOTÍCIA PROVAVELMENTE", Fredriksen, *Jesus of Nazareth, King of the Jews*, 251–52.

30 "NESSAS OCASIÕES FESTIVAS", Ibid., 252.

31 "JESUS ENSINAVA NOS", Ibid., 252–53.

32 "A MULTIDÃO DE PEREGRINOS", Ibid., 259.

33 "O PRÓPRIO SENHOR", 1 Tessalonicenses 4:16-17, KJA.

34 "NÃO VOS AMEDRONTEIS", Marcos 16:6, NAA.

35 "SAÍRAM E FUGIRAM", Marcos 16:8, NAA.

36 "COMO UM DELÍRIO", Lucas 24:11, NAA.

37 "CONTUDO [...] AINDA NÃO HAVIAM" João 20:9, NAA.

38 O CREDO NICENO, A citação aqui é do credo como apareceu no Livro de Oração Comum, 1662.

39 ALGUNS DISCÍPULOS AINDA "DUVIDAVAM", Mateus 28:17, NAA.

40 "O FILHO DO HOMEM ESTÁ PRESTES", Marcos 9:31, KJA.

41 "NÃO CONSEGUIAM ENTENDER", Marcos 9:32, KJA.

42 "PROCLAMAMOS A CRISTO CRUCIFICADO", 1 Coríntios 1:23, KJA.

43 "SE ENTREGOU VOLUNTARIAMENTE POR NOSSOS PECADOS", Gálatas 1:4, NAA.

44 "ELE LHES ENXUGARÁ", Apocalipse 21:4–5, KJA.

45 "ELE FOI TRANSPASSADO", Isaías 53:5, KJA. No Livro de Atos, Pedro fez um sermão no qual Jesus Cristo está conectado a passagens de Isaías, Joel e os Salmos. Ver Atos 2:14–41.

46 "E EU CONTINUAVA CONTEMPLANDO", Daniel 7:13–14, NAA.

47 "A IGREJA REPROVA" Paulo VI, *Nostra Aetate,* 28 de outubro de 1965, http://www.vatican.va/archive/hist_councils/ii_vatican_council/ documents/vat-ii_decl_19651028_nostra-aetate_en.html.

48 "QUANTO À ELEIÇÃO", Romanos 11:28–29, NAA.

49 "NÃO HÁ JUDEU NEM GREGO", Gálatas 3:28, NAA.

50 "COBERTOS POR PELES", Brian Moynahan, *The Faith: A History of Christianity* (Nova York, 2002), 73.

51 "É necessário que o filho do homem", Lucas 9:22, KJA.

52 "Eu sou o Pão Vivo", João 6:51, KJA.

53 "Quão insondáveis", Romanos 11:33, NAA.

54 "Procurai o Senhor", Salmos 105:4, KJA.

55 "Caminhai em paz", 1 Tessalonicenses, 5:13–22, NAA.

56 tinha cerca de dois metros de altura, William D. Edwards, MD, Wesley J. Gabel, MDiv, Floyd E. Hosmer, MS, AMI, "On the Physical Death of Jesus Christ", *Journal of the American Medical Association* 255, no. 11 (21 de março de 1986): 1458.

57 "Não é que as fontes", Schweitzer, *A Busca do Jesus Histórico*, 6.

58 "Estes, entretanto, foram escritos", João 20:31, NAA.

59 data, pelo menos, da idade média, Belarmino, *As Sete Palavras de Cristo na Cruz*, xxvii.

60 "o último sermão", Ibid., xxv.

61 As Últimas Frases inspiraram, Neuhaus, *Death on a Friday Afternoon*, xiii.

62 "levantou seus olhos para o céu", João 17:1, KJA.

A PRIMEIRA FRASE

p. 33 "E eram levados com Ele dois outros homens", Lucas 23:32–38, KJA.

1 A primeira observação de Jesus, Ver, por exemplo, Brown, *A Morte do Messias*, 2:971–81.

2 "Arrependei-vos", ele disse, Mateus 4:17, KJA.

3 "Assim que ouvirem", Marcos 13:7–30, KJA.

4 esteira de uma atividade antirromana, Ver, por exemplo, Marcos 15:7.

5 Se Jesus fosse realmente, Sou grato a Fredriksen por grande parte dessa análise. Ver, por exemplo, *When Christians Were Jews*, 57–73.

6 "o escriba da", Brown, *Introdução ao Novo Testamento*, 267.

7 "Amai os vossos inimigos", Brown, *A Morte do Messias*, 2:976; Lucas 6:27–29, NVI.

8 Lucas escreve sobre uma oração semelhante feita por São Estevão, Atos 7:60, KJA. Ver também Brown, *A Morte do Messias*, 2:976.

9 "Senhor, Deus, Pai, Perdoa-lhes", Brown, *A Morte do Messias*, 2:977.

10   "Engrandece minha alma", Lucas 1:46–47, KJA.

11   "Bendito seja o Senhor, Deus de Israel", Lucas 1:68–71, KJA.

12   "Nas proximidades havia pastores", Lucas 2:8–14, KJA.

13   "O céu e a terra desaparecerão", Lucas 21:33, KJA.

14   "Toda a Escritura é", 2 Timóteo 3:16–17, NVI.

15   "Se alguém julga ter", Eleonore Stump e Norman Kretzmann, eds., *The Cambridge Companion to Augustine* (Cambridge, 2001), 67–68.

16   "Para descobrir", Paulo VI, *Dei Verbum*, 18 de novembro de 1965, http://www.vatican.va/archive/hist_councils/ii_vatican_council/documents/vat-ii_const_19651118_dei-verbum_en.html.

17   ser ouvidas, lidas, marcadas, Da Coleta para o Segundo Advento, Livro de Oração Comum, 1549.

A SEGUNDA FRASE

p. 47   "Um dos criminosos", Lucas 23:39–43, NKJA.

1   crucificação era brutal, Ver, por exemplo, Martin Hengel, *Crucifixion in the Ancient World and the Folly of the Message of the Cross* (Filadélfia, 1977), e Edwards, Gabel e Hosmer, "On the Physical Death of Jesus Christ", 1455–63.

2   Para Roma, ... a *crux*, Hengel, *Crucifixion*, 33.

3   "Pode-se encontrar alguém", Ibid., 31.

4   "O instrumento comum", Edwards, Gabel e Hosmer, "On the Physical Death of Jesus Christ", 1457.

5   O condenado era tipicamente, Ibid., 1458–59.

6   Os crucificados tendiam a morrer, Ibid., 1461.

7   Cícero se referiu, Hengel, *Crucifixion*, 36–37.

8   "satisfazia o desejo primitivo", Ibid., 87.

9   Um dos homens clamou a Jesus, Brown, *A Morte do Messias*, 2:999–1013.

10   Houve uma rebelião recente, Ver, por exemplo, Marcos 15:7.

11   E o termo "Paraíso", Ibid., 1010.

12   "Quem tem ouvidos", Apocalipse 2:7, KJA.

A TERCEIRA FRASE

p. 55   "Próximo à cruz", João 19: 25–27, KJA.

1   "Você pensa mais em você", John Henry Newman, *Meditations and Devotions* (Springfield, Ill., 1964), x–xi.

2   praticantes da palavra, Tiago 1:22, KJA.

3   "Então, dirá o rei", Mateus 25:34–43, NAA.

4   "Venha e veja", João 1:39, KJA.

5   "Concluindo, caros irmãos", Filipenses 4:8, NAA.

6   "Acredito em um Deus", Walter Isaacson, ed., *A Benjamin Franklin Reader* (Nova York, 2003), 376–78.

A QUARTA FRASE

p. 63   "E, por volta das três horas da tarde", Mateus 27:45–46, KJA.

1   "clamar", ou "ressoar", é geralmente usada, Brown, *A Morte do Messias*, 2:1044–45.

2   Quando Jesus ressuscitou Lázaro, Ibid., 1045.

3   "clamou em alta voz", João 11:43, KJA.

4   na Primeira Carta aos Tessalonicenses, Brown, *A Morte do Messias*, 2:1045.

5   "o próprio Senhor", 1 Tessalonicenses, 4:16, KJA.

6   "Batei palmas", Salmos 47:1–3, KJA.

7   O que podemos dizer, Brown, *A Morte do Messias*, 2:1048–51.

8   "é se a luta", Ibid., 1049.

9   O significado Grego do termo, Edward Robinson, *A Greek and English Lexicon of the New Testament* (Nova York, 1870), 30.

10   "Salva minha vida", Salmos 22:20–28, KJA.

A QUINTA FRASE

p. 73   "Mais tarde, sabendo Jesus", João 19:28–29, KJA.

1   o hissopo era usado, Brown, *A Morte do Messias*, 2:1074–77.

2   "suportar o peso", Ibid., 1075.

3   "Eis o Cordeiro de Deus!", João 1:36, KJA.

4   "Pois Eu recebi", 1 Coríntios 11:23–26, NAA.

5   Em uma carta de 1955, Flannery O'Connor, *The Habit of Being: Letters*, ed. Sally Fitzgerald (Nova York, 1979), 125.

6   "Vês não apenas", Newman, *Meditations and Devotions*, vi.

7   "Algum outro mandamento", Gregory Dix, *The Shape of the Liturgy* (Westminster [Londres], 1945), 744–45.

8   "Não espere", C. S. Lewis, *C. S. Lewis Letters to Children* (Nova York, 1995), 26.

A SEXTA FRASE

p. 83   "Então, assim que experimentou", João 19:30, KJA.

1   "Poderás descobrir as profundezas", Jó 11:7–9, NVI.

2   "a paz de Deus", Filipenses 4:7, NAA.

3   o pretérito perfeito da palavra Grega *tetelestai*, https://biblehub.com/greek/5055.htm.

4   "Multidões e multidões", Daniel 12:2–3, KJA.

5   "Assim como o Filho do homem", Mateus 20:28, KJA.

6   "se manifestou uma justiça", Romanos 3:21–26, NAA.

7   "O Céu, na Bíblia", N. T. Wright, *Surprised by Hope: Rethinking Heaven, the Resurrection, and the Mission of the Church* (Nova York, 2014), 19.

8   "não encontramos", Ibid.

9   "É claro que existem pessoas", "N. T. Wright's Response to Stephen Hawking on Heaven", maio de 2011, https://www.thegospelcoalition.org/blogs/justin-taylor/n-t-wrights-response-to-stephen-hawking-on-heaven/.

10   Jesus de fato falou, Ver, por exemplo, Alan E. Bernstein, *The Formation of Hell: Death and Retribution in the Ancient and Early Christian Worlds* (Ithaca, N.Y., 1993), e Rob Bell, *Love Wins: A Book About Heaven, Hell, and the Fate of Every Person Who Ever Lived* (Nova York, 2011).

11   "Apartai-vos de mim", Mateus 25:41, NAA.

12   "o fogo que arde", Marcos 9:43, NAA.

13   "exaltado no Espírito", Apocalipse 1:10, NAA.

14   um lago de fogo, Apocalipse 20:10, KJA.

15   "serão atormentados", Ibid.

16   os portões do inferno, Mateus 16:18, KJA.

17   "regeneração de todas as coisas", Mateus 19:28, NVI.

18   "restaurará todas as coisas", Atos 3:21, NVI.

19   "todo o Israel será salvo", Romanos 11:26, KJA.

20   "foi do agrado de Deus", Colossenses 1:19–20, NVI.

21   "Dedicai-vos", 1 Coríntios 15:58, NVI.

A SÉTIMA FRASE

p. 93 "Então, Jesus bradou", Lucas 23:46, KJA.

1 "Nós e Deus temos negócios", William James, *The Varieties of Religious Experience: A Study in Human Nature* (Nova York, 1905), 516–17.

2 "Eis que eu vos declaro um mistério", I Coríntios 15:51–52, NAA.

3 uma suspensão voluntária da descrença, Samuel Taylor Coleridge, *Biographia Literaria; or, Biographical Sketches of My Literary Life and Opinions* (Londres, 1817), 2:6.

4 todos ficarão bem, T. S. Eliot, "Four Quartets", *T. S. Eliot: Collected Poems, 1909–1962* (Nova York, 1963), 209.

EPÍLOGO

p. 99 "Por que a cruz, de todas as mortes?", *St. Athanasius on the Incarnation*, trad. Archibald Robertson (Londres, 1891), 42–43.

1 Mais tarde, quando tentou, Pascal, *Pensées*, 285–86.

2 Platão fala sobre a descrença, Tim Whitmarsh, *Battling the Gods: Atheism in the Ancient World* (Nova York, 2015), 4.

3 "ignorância e superstição dos monges", Thomas Jefferson a Roger C. Weightman, 24 de junho de 1826, https://www.loc.gov/exhibits/declara/rcwltr.html.

4 o "Mar da Fé", Matthew Arnold, "Dover Beach", https://www.poetryfoundation.org/poems/43588/dover-beach.

5 "A verdade da questão", James, *Varieties of Religious Experience*, 506–7.

6 "Por que a cruz, de todas as mortes?", *St. Athanasius on the Incarnation*, 42–43.

7 "Onde estavas tu", Jó 38:4, KJA.

8 "resgatadas, curadas, restauradas", Henry Francis Lyte, "Praise, My Soul, the King of Heaven", https://hymnary.org/text/praise_my_soul_the_king_of_heaven.

9 "última noite vermelha", William Faulkner, Banquete do Prêmio Nobel, 10 de Dezembro de 1950. https://www.nobelprize.org/prizes/literature/1949/faulkner/speech/.

10 "Eu estarei permanentemente convosco", Mateus 28:20, KJA.

11 "Neste mundo", João 16:33, KJA.

REFERÊNCIAS

LIVROS

Atanásio. *St. Athanasius on the Incarnation*. Traduzido por Archibald Robertson. Londres: David Nutt, 1891.

Attridge, Harold W., et al. *HarperCollins Study Bible: Fully Revised and Updated*. Nova York: HarperOne, 2017.

Agostinho. *Confissões*. Traduzido por Henry Chadwick. Oxford World's Classics. Oxford: Oxford University Press, 1998.

Bell, Rob. *Love Wins: A Book About Heaven, Hell, and the Fate of Every Person Who Ever Lived*. Nova York: HarperOne, 2011.

Belarmino, Roberto. *As Sete Palavras de Cristo na Cruz*. São Paulo: Editora Realeza, 2020.

Bernard of Clairvaux, Saint. *Five Books on Consideration: Advice to a Pope*. Traduzido por John D. Anderson e Elizabeth Kennan. The Works of Bernard of Clairvaux, vol. 13. Kalamazoo, Mich.: Cistercian Publications, 1976.

Bernstein, Alan E. *The Formation of Hell: Death and Retribution in the Ancient and Early Christian Worlds*. Ithaca, N.Y.: Cornell University Press, 1993.

Brown, Raymond E. *A Crucified Christ in Holy Week: Essays on the Four Gospel Passion Narratives*. Collegeville, Minn.: Liturgical Press, 1986.

——— *A Morte do Messias: Comentário das Narrativas da Paixão nos Quatro Evangelhos*. 2 vols. São Paulo: Paulinas, 2013.

——— *An Introduction to the Gospel of John*. Editado e atualizado por Francis J. Moloney. Nova York: Doubleday, 2003.

——— *Introdução ao Novo Testamento*. São Paulo: Paulinas, 2004.

Bryan, Christopher. *The Resurrection of the Messiah*. Nova York: Oxford University Press, 2011.

Coleridge, Samuel Taylor. *Biographia Literaria; or Biographical Sketches of My Literary Life and Opinions.* Vol. 2. Londres: Rest Fenner, 1817.

Dix, Gregory. *The Shape of the Liturgy.* Westminster [Londres]: Dacre Press, 1945.

Eliot, T. S. *Collected Poems, 1909–1962.* Nova York: Harcourt, Brace & World, 1963.

Evans, Craig A., e N. T. Wright. *Jesus, the Final Days: What Really Happened.* Editado por Troy A. Miller. Louisville, Ky.: Westminster John Knox Press, 2009.

Franklin, Benjamin. *A Benjamin Franklin Reader.* Editado por Walter Isaacson. Nova York: Simon & Schuster, 2003.

Fredriksen, Paula. *Jesus of Nazareth, King of the Jews: A Jewish Life and the Emergence of Christianity.* Nova York: Alfred A. Knopf, 1999.

––––– ed. *On* The Passion of the Christ: *Exploring the Issues Raised by the Controversial Movie.* Berkeley: University of California Press, 2006.

––––– *When Christians Were Jews: The First Generation.* New Haven, Conn.: Yale University Press, 2018.

Hengel, Martin. *Crucifixion in the Ancient World and the Folly of the Message of the Cross.* Filadélfia: Fortress Press, 1977.

Heschel, Abraham Joshua. *Moral Grandeur and Spiritual Audacity: Essays.* Editado por Susannah Heschel. Nova York: Farrar, Straus & Giroux, 1996.

Homero. *A Odisseia.* Traduzido por Robert Fagles. Nova York: Viking, 1996.

Hurtado, Larry W. *Lord Jesus Christ: Devotion to Jesus in Earliest Christianity.* Grand Rapids, Mich.: W. B. Eerdmans, 2003.

James, William. *The Varieties of Religious Experience: A Study in Human Nature; Being the Gifford Lectures on Natural Religion Delivered at Edinburgh in 1901–1902.* Nova York: Longmans, Green, 1905.

Jefferson, Thomas. *Notes on the State of Virginia.* 1787. Reedição, Editado por William Peden. Chapel Hill: University of North Carolina Press, 1955.

Johnson, Paul. *A History of Christianity.* Nova York: Atheneum, 1976. Kelly, Henry Ansgar. *Satan: A Biography.* Cambridge: Cambridge University Press, 2006.

Levine, Amy-Jill, e Marc Zvi Brettler, eds. *The Jewish Annotated New Testament: New Revised Standard Version Bible Translation.* 2. ed. Oxford: Oxford University Press, 2017.

Lewis, C. S. *C. S. Lewis Letters to Children*. Editado por Lyle W. Dorsett e Marjorie Lamp Mead. Nova York: Simon & Schuster, 1995.

MacCulloch, Diarmaid. *Christianity: The First Three Thousand Years*. Nova York: Penguin, 2011.

Martin, James. *Seven Last Words: An Invitation to a Deeper Friendship with Jesus*. Nova York: HarperOne, 2016.

McDannell, Colleen, e Bernhard Lang. *Heaven: A History*. 2. ed. New Haven, Conn.: Yale University Press, 2001.

McKenzie, Steven L. *How to Read the Bible: History, Prophecy, Literature — Why Modern Readers Need to Know the Difference, and What It Means for Faith Today*. Oxford: Oxford University Press, 2005.

Meier, John P. *A Marginal Jew: Rethinking the Historical Jesus*. 5 vols. The Anchor Bible Reference Library. Nova York: Doubleday, 1991–2016.

Moynahan, Brian. *The Faith: A History of Christianity*. Nova York: Doubleday, 2002.

Neuhaus, Richard John. *Death on a Friday Afternoon: Meditations on the Last Words of Jesus from the Cross*. Nova York: Basic Books, 2000.

Newman, John Henry. *Meditations and Devotions*. Springfield, Ill.: Templegate, 1964.

O'Connor, Flannery. *The Habit of Being: Letters*. Editado por Sally Fitzgerald. Nova York: Farrar, Straus & Giroux, 1979.

Pagels, Elaine H. *The Gnostic Gospels*. 1979. Reedição, Nova York: Vintage Books, 1989.

Pascal, Blaise. *Pensées*. Rev. ed. Traduzido por A. J. Krailsheimer. Penguin Classics. Nova York: Penguin Books, 1995.

Pelikan, Jaroslav. *The Christian Tradition: A History of the Development of Doctrine*. Vol. 1, *The Emergence of the Catholic Tradition (100–600)*. Chicago: University of Chicago Press, 1971.

―――*Whose Bible Is It?: A Short History of the Scriptures*. Nova York: Penguin Books, 2006.

Porterfield, Amanda. *Conceived in Doubt: Religion and Politics in the New American Nation*. American Beginnings, 1500–1900. Chicago: University of Chicago Press, 2012.

Robinson, Edward. *A Greek and English Lexicon of the New Testament*. Rev. ed. Nova York: Harper & Brothers, 1870.

Robinson, John A. T. *Redating the New Testament*. Filadélfia: Westminster Press, 1976.

Safire, William. *The First Dissident: The Book of Job in Today's Politics.* Nova York: Random House, 1992.

Sanders, E. P. *The Historical Figure of Jesus.* Nova York: Penguin Books, 1996.

Schweitzer, Albert. *A Busca do Jesus Histórico.* Traduzido por W. Montgomery. 1910. Reedição, Mineola, N.Y.: Dover, 2005.

Smith, Huston. *The World's Religions: Our Great Wisdom Traditions.* Rev. e atualizado de *The Religions of Man,* 1958. São Francisco: HarperSanFrancisco, 1991.

Stark, Rodney. *The Rise of Christianity: How the Obscure, Marginal Jesus Movement Became the Dominant Religious Force in the Western World in a Few Centuries.* São Francisco: HarperCollins, 1996.

―――― *The Victory of Reason: How Christianity Led to Freedom, Capitalism, and Western Success.* Nova York: Random House, 2006.

Strong, James. *The New Strong's Exhaustive Concordance of the Bible.* Nashville: Thomas Nelson, 1990.

Stump, Eleonore, e Norman Kretzmann, eds. *The Cambridge Companion to Augustine.* Cambridge Companions Series. Cambridge: Cambridge University Press, 2001.

Tillich, Paul. *Teologia Sistemática.* 1 vol. Rio Grande do Sul: Editora Sinodal, 2005.

Vermès, Géza. *Jesus the Jew: A Historian's Reading of the Gospels.* 1973. Reprint, Filadélfia: Fortress Press, 1981.

―――― *The Real Jesus: Then and Now.* Minneapolis: Fortress Press, 2010.

Weigel, George. *The Courage to Be Catholic: Crisis, Reform, and the Future of the Church.* Nova York: Basic Books, 2004.

―――― *Evangelical Catholicism: Deep Reform in the 21st-Century Church.* Nova York: Basic Books, 2013.

Whitmarsh, Tim. *Battling the Gods: Atheism in the Ancient World.* Nova York: Vintage Books, 2016.

Wilken, Robert Louis. *The Christians as the Romans Saw Them.* New Haven, Conn.: Yale University Press, 1984.

―――― *The Spirit of Early Christian Thought: Seeking the Face of God.* New Haven, Conn.: Yale University Press, 2003.

Willis, John Randolph, SJ, ed. *The Teachings of the Church Fathers.* Nova York: Herder and Herder, 1966.

Wilson, A. N. *Jesus: A Life.* Nova York: W.W. Norton, 1992.

Wright, N. T., *Christian Origins and the Question of God*. 4 vols. Mineápolis: Fortress Press, 1992–2013.

—— *O Dia Em Que a Revolução Começou: Reinterpretando a Crucificação de Jesus*. Brasília, DF: Editora Chara, 2018.

—— *Evil and the Justice of God*. Downers Grove, Ill.: IVP Books, 2006.

—— *Como Deus se tornou Rei*. Rio de Janeiro: Thomas Nelson Brasil, 2019.

—— *Justification: God's Plan and Paul's Vision*. Downer's Grove, Ill.: IVP Academic, 2009.

—— *The Last Word: Beyond the Bible Wars to a New Understanding of the Authority of Scripture*. São Francisco: HarperSanFrancisco, 2005.

—— *Simplesmente Jesus*. Rio de Janeiro: Thomas Nelson Brasil, 2020.

—— *Surprised by Hope: Rethinking Heaven, the Resurrection, and the Mission of the Church*. Nova York: HarperOne, 2008.

Wroe, Ann. *Pilate: The Biography of an Invented Man*. Londres: Vintage, 2000.

ARTIGOS

Edwards, William D., Wesley J. Gabel, e Floyd E. Hosmer. "On the Physical Death of Jesus Christ." *Journal of the American Medical Association* 255, nº 11 (21 de março de 1986): 1455–63.

SITES

Arnold, Matthew. "Dover Beach." Poetry Foundation. https://www.poetryfoundation.org/poems/43588/dover-beach.

Jefferson, Thomas. "Declaring Independence: Drafting the Documents" [Carta de Thomas Jefferson para Roger C. Weightman, 24 de junho de 1826]. Library of Congress. http://www.loc.gov/exhibits/declara/rcwltr.html.

Lyte, Henry Francis. "Praise, My Soul, the King of Heaven." Hymnary.org. https://hymnary.org/text/praise_my_soul_the_king_of_heaven.

Paulo VI. *Dei Verbum*. The Holy See. 18 de novembro de 1965. http://www.vatican.va/archive/hist_councils/ii_vatican_council/documents/vat-ii_const_19651118_dei-verbum_en.html.

—— *Nostra Aetate*. The Holy See. 28 de outubro de 1965. http://www.vatican.va/archive/hist_councils/ii_vatican_council/documents/vat-ii_decl_19651028_nostra-aetate_en.html.

Shakespeare, William. *The Tragedy of Hamlet, Prince of Denmark.* The Complete Works of William Shakespeare. http://shakespeare.mit.edu/hamlet/full.html.

Taylor, Justin. "N. T. Wright's Response to Stephen Hawking on Heaven." *The Gospel Coalition* (blog), 19 de maio de 2011. https://www.thegospelcoalition.org/blogs/justin-taylor/n-t-wrights--response-to-stephen-hawking-on-heaven/.

ILUSTRAÇÕES

ILUSTRAÇÃO INICIAL — *The Last Supper,* Workshop de Leonardo da Vinci, 1507–1509, Abadia de Tongerlo, Bélgica; Pantheon Studios, Inc.

ILUSTRAÇÃO FINAL — *Christ Carrying the Cross,* c. 1571, Paolo Veronese (Paolo Caliari), Gemäldegalerie Alte Meister, Dresden, Alemanha; © Staatliche Kunstsammlungen Dresden / Bridgeman Images

iv   *Pieta,* William-Adolphe Bouguereau, 1876, Coleção Particular; © Christie's Images / Bridgeman Images

2   *The Entombment of Christ,* Newton & Co., século XIX ou XX; HIP / Art Resource, NY

32   *The Flagellation of Christ,* William-Adolphe Bouguereau, século XIX; encontrado na coleção da Catedral de Saint-Louis de La Rochelle, França; HIP / Art Resource, NY

46   *Calvary,* Abraham Janssens van Nuyssen, século XVII, Museu de Belas Artes, Valenciennes, França; Bridgeman Images

54   *Christ on the Cross, the Three Marys on Mourning by John and the Donor or Patron,* Pier Francesco Sacchi, chamado de Il Pavese, 1514, Gemäldegalerie, Staatliche Museen zu Berlin, Alemanha; Tarker / Bridgeman Images

62   *Ecce Homo,* Giovanni Francesco Barbieri Guerchin, chamado de Il Guercino, século XVII, Galleria Corsini, Roma, Itália; © Luisa Ricciarini / Bridgeman Images

72   *"I Thirst." The Vinegar Given to Jesus,* Ilustração de "The Life of Christ", James Jacques Joseph Tissot, c. 1884–96, Museu de Arte do Brooklyn, Nova York; Bridgeman Images

82   *Pietà,* atribuído a Guy Francois, Musee Crozatier Le Puy-en-Velay, França; Bridgeman Images

92   *Lamentation of Christ,* Sandro Botticelli, c. 1490, Alte Pinakothek, Munique, Alemanha; Bridgeman Images

98   *Life of Christ, Ascension,* estudo preparatório dos desenhos de tapeçaria para a Igreja Saint-Merri em Paris, Henri Lerambert, c. 1585–90, Bibliotheque Nationale, Paris, França; Bridgeman Images

CONHEÇA OUTROS LIVROS DA ALTA LIFE

Todas as imagens são meramente ilustrativas.

CATEGORIAS
Negócios - Nacionais - Comunicação - Guias de Viagem - Interesse Geral - Informática - Idiomas

---

SEJA AUTOR DA ALTA BOOKS!

Envie a sua proposta para: autoria@altabooks.com.br

Visite também nosso site e nossas redes sociais para conhecer lançamentos e futuras publicações!

www.altabooks.com.br

ALTA BOOKS
E D I T O R A

/altabooks • /altabooks • /alta_books

ROTAPLAN
GRÁFICA E EDITORA LTDA

Rua Álvaro Seixas, 165
Engenho Novo - Rio de Janeiro
Tels.: (21) 2201-2089 / 8898
E-mail: rotaplanrio@gmail.com